石油历史经典文丛

旗帜

口述大庆石油会战

陈立勇 编著

石油工业出版社

图书在版编目（CIP）数据

旗帜：口述大庆石油会战 / 陈立勇编著. -- 北京：石油工业出版社, 2024. 12. -- ISBN 978-7-5183-7219-5

Ⅰ. F426.22

中国国家版本馆CIP数据核字第2024CF3027号

旗帜：口述大庆石油会战
陈立勇　编著

策划编辑：	马海峰　李廷璐
责任编辑：	李廷璐　孟海军　孙卓凡
责任校对：	罗彩霞
出版发行：	石油工业出版社
	（北京市朝阳区安华里二区 1 号楼 100011）
	网　　址：www.petropub.com
	编 辑 部：(010) 64523611　64523737
	图书营销中心：(010) 64523633
经　　销：	全国新华书店
印　　刷：	北京晨旭印刷厂

2024 年 12 月第 1 版　2024 年 12 月第 1 次印刷
740×1060 毫米　开本：1/16　印张：15.75
字数：225 千字

定　价：80.00元
（如发现印装质量问题，我社图书营销中心负责调换）
版权所有，翻印必究

代序

大庆精神　大庆人[*]

《人民日报》记者　袁　木　范荣康

延安革命精神发扬光大

列车在祖国广阔的土地上奔驰着。它掠过一片片田野，越过一条条河流，穿过一座座城市，把我们带到了向往已久的大庆。

大庆，不久前人们对她还很陌生。如今，人们在各种会议上，在促膝谈心时，怀着无比兴奋的心情谈论着她，传颂着她。有机会去过大庆的人，绘声绘色地描述着这个几年前还是一个未开垦的处女地，现在已经建设起一个现代化的石油企业；描述着大庆人那一股天不怕、地不怕的革命精神和英雄气概。没有经受过革命战争洗礼和艰苦岁月考验的年轻人说，到了大庆，更懂得了什么叫做革命。身经百战的将军们，赞誉大庆人"是一支穿着蓝制服的解放军"。在延安度过多年革命生涯的老同志，怀着无限欣喜的心情说：到了大庆，好像又回到了延安，看到了延安革命精神的发扬光大。

我们来到大庆时，这里还是严冬季节。迎面闯进我们眼底的，是高耸入云的钻塔，一座座巨大的储油罐，一列列飞驰而去的运油列车，一排排架空

---

[*] 本文原载《人民日报》1964年4月20日第1版。

电线和星罗棋布的油井。这一切，构成了一幅现代化石油企业的壮丽图景。同它相对衬的，是一幢幢、一排排矮小的土房子。它们有的是油田领导机关和各级管理部门的办公室，有的是职工宿舍。夜晚，远处近处的采油井上，升起万点灯火，宛如天上的繁星；低矮的职工宿舍里，简朴的俱乐部里，不时传出阵阵欢乐的革命歌曲声，在沉寂的夜空中回荡。到过延安的同志们，看着眼前的一切，想到大庆人在艰苦的条件下为社会主义建设立下的大功，怎么能不联想起当年闪亮在延水河边的窑洞灯火哩！

但是，对于大庆人说来，最艰苦的，还是创业伊始的年代。

那时候，建设者们在一片茫茫的大地上，哪里去找到一座藏身的房子啊！人们有的支起帐篷，有的架起活动板房，有的在不知道什么时候被丢弃了的牛棚马厩里办公、住宿。有的人什么都找不到，他们劳动了一天，夜晚干脆往野外大地上一躺，几十个人扯起一张篷布盖在身上。

霪雨连绵的季节到了。帐篷里，活动板房里，牛棚马厩里，到处是外面大下，里面小下，外面雨住了，里面还在滴滴嗒嗒。一夜之间，有的人床位挪动好几次，也找不到一处不漏雨的地方。有的人索性挤到一堆，合顶一块雨布，坐着睡一宿。第二天一早，积水把人们的鞋子都漂走了。

几场萧飒的秋风过后，带来了遮天盖地的鹅毛大雪。人们赶在冬天的前面，自己动手盖房子。领导干部和普通工人，教授和学徒工，工程技术干部和炊事员，一齐动起手来，挖土的挖土，打夯的打夯。没有工具的，排起队来用脚踩。在一个多月的时间里，垒起了几十万平方米土房子，度过了第一个严冬。

就在那样艰苦的岁月里，沉睡了千万年的大地上，到处可以听到向地层进军的机器轰鸣声，到处可以听到建设者们昂扬的歌声："石油工人硬骨头，哪里困难哪里走！"夜晚，在宿营地的篝火旁，人们热烈响应油田党委发出的第一号通知，三个一群，五个一伙，孜孜不倦地学习着毛泽东同志的《实践论》和《矛盾论》。他们朗读着，议论着，要用毛泽东思想来组织油田的全部建设工作。没有电灯，没有温暖舒适的住房，甚至连桌椅板凳都没有，但是，人们那股学习的专注精神，却没有受到一丝一毫影响。

为了全国人民的远大理想

时间只过去了短短四年，如今，这里的面貌已发生根本变化。我们访问了许多最早来到的建设者，每当他们谈起当年艰苦创业的情景，语音里总是带着几分自豪，还带着对以往艰苦生活的无限怀念。他们说，大庆油田的建设工作，是在困难的时候，困难的地方，困难的条件下开始的，如果不是坚信党的奋发图强、自力更生的号召，如果不是在党的总路线的鼓舞下，如果没有一股顶得住任何艰难困苦的革命闯劲，今天的一切都将是空中楼阁。许多人还说，他们过去没有赶上吃草根、啃树皮的二万五千里长征，也没有经受过抗日战争和解放战争的战火考验，今天，到大庆参加油田建设，也为实现六亿五千万人民的远大理想吃一点苦，这是他们的光荣，是他们的幸福！

深深懂得发扬艰苦奋斗、自力更生这个革命传统的伟大意义，心甘情愿地吃大苦，耐大劳，临危不惧，必要时甚至不惜牺牲个人的一切，而能把这些看做是光荣，是幸福！这，不正是大庆人最鲜明的性格特征吗？

有着二十多年工龄的老石油工人王进喜，大庆油田上有名的"铁人"，就是大庆人这种性格的代表人物。

当年，这里有多少生活上的困难在等待着人们啊！但是，四十来岁的王进喜在一九六〇年三月奉调前往大庆油田时，他一不买穿的用的，二不买吃的喝的，把被褥衣物都交给火车托运，只把一套《毛泽东选集》带在身边。到了大庆，他一不问住哪里，二不问吃什么样的饭，头一句就问在哪里打井？接着，他马上就去查看工地，侦察线路。

钻机运到了，起重设备还没有运到。怎么办？他同工人们一起，人拉肩扛，把六十多吨重的全套钻井设备，一件件从火车上卸下来。他们的手上、肩上，磨起了血泡，没有人叫过一声苦。开钻了，一台钻机每天最少要用

四五十吨水，当时的自来水管线还没有安装好。等吗？不！王进喜又带领全体职工，到一里多路以外的小湖里取水，保证钻井，这样艰苦地打下了第一口井。

无语的大地，复杂的地层，对于石油钻井工人来说，有时就好像难于驯服的怪物。王进喜领导的井队在打第二口井的时候，出现了一次井喷事故的迹象。如果发生井喷，就有可能把几十米高的井架通通吞进地层。当时，王进喜的一条腿受了伤，他还挂着双拐，在工地上指挥生产。在那紧急关头，他一面命令工人增加泥浆浓度和比重，采取各种措施压制井喷，一面毫不迟疑地抛掉双拐，扑通一声跳进泥浆池，拼命地用手和脚搅动，调匀泥浆。两个多小时的紧张搏斗过去了，井喷事故避免了，王进喜和另外两个跳进泥浆池的工人，皮肤上都被碱性很大的泥浆烧起了大泡。

那时候，王进喜住在工地附近一户老乡家里。房东老大娘提着一筐鸡蛋，到工地慰问钻井工人。她一眼看到王进喜，三脚两步跑上去，激动地说："进喜啊进喜，你可真是个铁人！"

像王"铁人"这样的英雄人物，在大庆油田岂止一人！

马德仁和段兴枝，也是两个出名的钻井队长。他们为了保证钻机正常运转，在最冷的天气里，下到泥浆池调制泥浆，全身衣服被泥水湿透，冻成了冰的铠甲。

薛国邦，油田上第一个采油队长。在祖国各地迫切需要石油的时候，他战胜了人们想像不到的许多困难，使大庆的首次原油列车顺利外运。

朱洪昌，一个工程队队长。为了保证供水工程赶上需要，他用双手捂住管道裂缝，堵住漏水，忍着灼伤的疼痛，让焊工在自己的手指边焊接。

奚华亭，维修队队长。在一次油罐着火的时候，他不顾粉身碎骨的危险，跳上罐顶，脱下棉衣，压灭猛烈的火焰，避免了一场严重事故。

毛孝忠和萧全法，两个通讯工人，在狂风怒吼的夜晚，用自己的身体联接断了的电线，接通了紧急电话。

管子工许协光等二十名勇士，在又闷又热的炎夏，钻进直径只比他们肩膀稍宽一点的一根根钢管，把总长四千八百米的输水管线，清扫得干干净净。

大庆人都贯注了革命精神，他们的确是特殊材料制成的。历年来，在大庆油田，每年都评选出这样的英雄人物一万多名。

请想想看！在这样一支英雄队伍面前，还有什么样的困难不能征服！

岩心和赤胆忠心

但是，大庆人钢铁般的革命意志，不仅表现在他们能够顶得住任何艰难困苦，更可贵的是，他们能够长期埋头苦干，把冲天的革命干劲同严格的科学态度结合起来。这正是他们在同大自然作战的斗争中，战无不胜、攻无不克的法宝。

在油田勘探和建设中，大庆人为了判明地下情况，每打一口井都要取全取准二十项资料和七十二个数据，保证一个不少，一个不错。

一天，三二四九钻井队的方永华班，正在从井下取岩心。一筒六米长的岩心，因为操作时稍不小心，有一小截掉到井底去了。

从地层中取出岩心来分析化验，是认识油田的一个重要方法。班长方永华，当时瞅着一小截岩心掉下井底，抱着岩心筒，一屁股坐在井场上，十分伤心。他说："岩心缺一寸，上级判断地层情况，就少了一分科学根据，多了一分困难。掉到井里的岩心取不上来，咱们就欠下了国家一笔债。"

工人们决心从极深的井底，把失落的岩心捞上来。队长劝他们回去休息，他们不回去。指导员把馒头、饺子送到井场，劝他们吃，他们说："任务不完成，吃饭睡觉都不香。"他们连续干了二十多个小时，终于把一筒完整的岩心取了出来。

这从深深的井筒中取上来的，哪里是什么岩心，简直是工人们对国家建设事业高度负责的赤胆忠心啊！

几年来，就是用这样的精神，勘探工人、钻井工人和电测工人们，不分

昼夜，准确齐全地从地下取出了各种资料的几十万个数据，取出了几十里长的岩心，测出了几万里长的各种地层曲线。地质研究人员和工程技术人员，根据大量的第一性资料，进行了几十万次、几百万次、几千万次的分析、化验和计算。

想一想吧，是几十万次，几百万次，几千万次啊！那时候，大庆既没有像电子计算机这一类先进的计算设备，又要求数据绝对准确，如果没有高度的革命自觉，没有坚韧不拔的革命毅力，没有尊重实际的科学精神，这一切都可能做到吗？

正是因为有了这种自觉、这种毅力、这种实事求是精神，这种以毛泽东思想武装起来的新作风，在几万名大庆建设者的队伍中，形成了一种非常值得珍贵的既是继承了我党的优良传统，又是在社会主义建设时期的全新的风气：他们事事严格认真，细致深入，一丝不苟。大庆人不论做什么工作，他们的出发点都是："我们要为油田建设负责一辈子！"

大庆的钻井工人们有一个永远不能忘记的"纪念日"——"难忘的四一九"。那是指一九六一年的四月十九日。这一天以前，大庆人封掉了一口新打的油井。这口井，如果同老矿区的井比起来，已经不错了，照样可以出油，只是因为井斜度超过了他们提出的标准，原油采收率和油井寿命可能受到影响，建设者们含着泪，横着心，把它填死了。"四一九"这天，大庆人召开万人大会总结经验教训，展开了以提高打井质量为中心的群众运动。

"四一九"以后，这里的油井都打得笔直。最直的井，井斜只有零点六度，井底位移只有零点四米。打个比方说，这就等于一个人顺着一条直路走，走了一公里，偏差没有超过半米。

一二八四钻井队有一次打的一口油井，发生了质量不合格的事故。这个队的队长王润才和工友们，把油井套管从深深的地层中拔出来，逐节检查，研究发生事故的原因。他们终于发现，有一处套管的接箍，因为下套管前检查不严，变了形。后来，队长王润才就背上沉重的套管接箍，走遍广阔的油田，到每一个钻井队去现身说法，给全体钻井工人介绍发生质量事故的教训。

对油田建设负责一辈子的大庆人，用科学精神武装起来的大庆人，就是这样对待自己工作中的缺点的。从那时以后，油田上打井因为套管接箍不好而造成质量事故的情况，再也没有发生过。

好作风必须从小处培养起

不仅对待关系到整个石油企业命运的大事情如此严格，即使对待一些看来"微不足道"的小事情，也同样一丝不苟。大庆人说："好作风必须从最小处培养起。"

今年春天，油田上召开了一次现场会。会场中央，端端正正放着十根十米长的钢筋混凝土大梁。这些大梁表面光滑平整，根根长短粗细一致，即使最能挑剔的人，也找不出它们有什么毛病。但是，油田建设指挥部的负责人却代表全体干部在会上检讨说，由于他们工作不深入，检查不严，这些大梁的少数地方，比规定的质量标准宽了五毫米。

五毫米，宽不过一个韭菜叶，值得为它兴师动众地开一次几百人的现场会吗？不，值得！大庆人性格的可贵之处正在这里。会上，工程师们检查了他们没有严格执行验收标准，关口把得不好；具体负责施工的干部和工人，检查了他们作风不严不细，操作技术不过硬。人们纷纷检查以后，干部、工程技术人员和工人们，抄起铁铲，拿起磨石，把大梁上宽出五毫米的地方，一一铲掉，磨光。人们说："咱们要彻底铲掉磨掉的，不只是五毫米混凝土，而是马马虎虎、凑凑合合的坏作风！"

这种一丝不苟的作风，在工程技术人员中也形成了风气。几年来，他们不分昼夜，风里雨里，奔波万里，为的是找到一个合理的科学参数；他们伴着摇曳的烛光，送走了多少个不眠之夜，为的是算准一个技术数据。

青年技术员谭学陵和另外四个年轻人，花了整整十个月时间，累计跑了

一万二千多里路，从一千六百多个测定点上测得五百多个数据，找到了大庆油田最正确的传热系数，为整个油田输油管道的建设提供了科学根据。

技术员蔡升和助理技术员张孔法，在风雪交加的冬季，身揣窝窝头，怀抱温度计，五次乘坐没有餐车、没有卧铺、没有暖气的油罐列车，行程万余里，在挂满冰柱的车头上实地探测原油外运时的温度变化。

技术员刘坤权，一个普通高中毕业的学生，一连几个严冬，冒着风雪从几百个不同的地方挖开冻土，进行分析化验，终于研究出这里土层的冻涨系数，为经济合理地进行房屋基础建筑提供了可靠数据。

亲爱的读者，你们看到这些事例会想些什么？当我们听到这一切时，都被大庆人这种可贵的性格深深地感动了。

永不生锈的万能螺丝钉

在大庆，我们访问过不少有名的英雄人物，也访问过许多在平凡的岗位上忠心耿耿的"无名英雄"。从他们身上，我们发现，大庆人不论做什么工作，心里都深深地铭刻着两个大字："革命"。

电测中队现任副指导员张洪池，就是大批"无名英雄"中的标兵。

四年前，张洪池是人民解放军这个伟大集体中的"普通一兵"。来到大庆以后，他当过电测学徒工，当过炊事员，样样工作都做得很出色。在长期的平凡劳动中，他显示了一个自觉的革命战士的优秀品质。他在自己的日记上曾经写道：

"共产党员要像明亮的宝珠一样，无论在什么地方，都要发光发亮。"

"我要像个万能的螺丝钉一样，拧在枪杆上也行，拧在农具上也行，拧在汽车上，机器上，锅台上……凡是拧在对党有利的地方都行，都要起一个螺丝钉的作用，而且要永远保持丝扣洁净，不生锈。"

做一粒到处发亮的宝珠！当好一颗永不生锈的万能螺丝钉！这就是大庆人对待生活的态度。

一天夜晚，在一间低矮的土房子里，我们见到了油田的一个修鞋工人，他的名字叫黄友书，三十来岁年纪，也是个复员军人。他到大庆以后，当过瓦工、勤杂工、保管工，磨过豆腐，喂过猪。后来，领导上又派他去给职工们修鞋。

修鞋！在轰轰烈烈的社会主义建设战线上，去当一个"修鞋匠"？对这种平凡而又琐碎的劳动，你是怎样看待的？

黄友书二话没说，愉快地接受了任务。他说："战士没鞋穿打不了仗，工人没鞋穿也搞不好生产，谁离得了鞋啊？给工人们修好鞋，这也是革命工作！"

他跑遍附近好几个城镇去找修鞋工具。他每天挑着修鞋担子下现场。他经常收集废旧碎皮，捡回去洗净揉好，用它来给职工们掌鞋。

黄友书看到职工们穿着他修好的鞋踏遍油田，心里乐开了花。就是这个并非油田主要工种的修鞋工人，每年都被职工们选为全矿区的标兵，被誉为忠心耿耿为人民服务的"老黄牛"。

在大庆，这样的事例是举不胜举的。从大城市的大工厂调来不久的老工人何作年，自豪地说："在咱们大庆，人人都懂得他们做的工作是革命。扫地的把地扫好了，是革命；烧茶炉的把开水烧好了，又省煤，也是革命。一个人懂得了这个道理，做啥也浑身是劲。大家都懂了这个道理，就能排山倒海，天塌下来也顶得住！"

一切工作都是革命，所有的同志都是阶级兄弟。人们精神世界的升华，渗透到人与人之间的关系中去，谱成了多少扣人心弦的乐曲！在大庆这个革命的大家庭中，人们时刻铭记着毛主席在《为人民服务》这篇文章中的教导："我们都是来自五湖四海，为了一个共同的革命目标，走到一起来了。""一切革命队伍的人都要互相关心，互相爱护，互相帮助。"

关心别人胜过自己

在大庆，干部们对工人的关心，关心到了一天的二十四小时。每天深夜，干部都要到工人的集体宿舍中去"查铺盖被"，看一看工人兄弟休息得可好，睡得是否香甜。

一场暴风雪过后，气温骤然下降了十多度。年轻的单身工人张海青，被子又薄又脏，还没有来得及拆洗，没有添絮新棉。支部书记李安政"查铺盖被"时，发现了这个情况，他趁工人们上班，悄悄把张海青的被子抱回家，让自己的爱人拆洗得干干净净，又把自家的一床被拆开，扯出一半棉花，絮到张海青的被子里。张海青发现他的被子变得又洁净又厚实，到处查问是谁干的，李安政在一旁一声没吭。新从一个大城市调到大庆的老工人王文杰，把这一切看在眼里，暗暗掉下了眼泪。

一二〇二钻井队的十几户家属，听说技术员李自新的妻子死了，遗下两个孩子，争着把孩子抱到自己家里看养。她们说："孩子没妈了，我们就是她俩的妈。"前任队长王天其的爱人李友英，天天把奶喂给李自新一岁的女儿小英，却让自己正在吃奶的孩子小香吃稀饭。有人为这件事写了一份材料给钻井指挥部党委书记李云，李云把这份材料转给李自新，同时含着泪给李自新写了一封意味深长的信："等两个孩子长大了，告诉她们：在新社会里，在革命大家庭里，人们是怎样关怀她们，养育她们长大成人的。叫她们永远记住，任何时候都要听党的话，跟着党走。"

在地质研究所、设计院、矿场机械研究所这些知识分子干部集中的"秀才"单位，人与人之间的关系也发生了根本变化。有一次，地质研究所女地质技术员陈淑荪，看到同一个单位的地质技术员张寿宝的被面破了，就把一床准备结婚时用的新缎子被面，从箱底翻出来，偷偷缝在张寿宝的被子上。张寿宝发现了，怎么也不肯要。陈淑荪对他说："你说说，我们是不是阶级兄弟？是不是革命同志？是，你就把被面留下。不是，你就还我。"这几句话，说得张寿宝感动极了。他含着两眶激动的眼泪，再也说不出不要被面的话了。

为了实现六亿五千万人民的远大理想，心甘情愿地吃大苦，耐大劳；为了对国家建设事业负责一辈子，事事实事求是，严格认真，一丝不苟；为了革命的需要，全心全意地充当一颗永不生锈的万能螺丝钉；在革命的大家庭中，人人关心别人胜过关心自己……这些，就是大庆人经过千锤百炼铸造出来的可贵性格。在我们伟大祖国的社会主义建设事业中，是多么需要这样的性格啊！

也许有人要问：大庆油田的辉煌成就和建设者们身上的巨大变化，这一切是怎样得来的？大庆人的回答很简单："这一切都是毛泽东思想的胜利！"

一个晴朗的早晨。我们去访问油田的一个工程队，想进一步了解毛泽东思想在大庆是怎样的深入人心。同路的一位年轻工人说："那里今天开会，不好找人。"我们问他开什么会，他说："冷一冷。"冷一冷，这是什么意思？年轻工人解释说："我们大庆经常开这样的会，找一找自己的缺点，找一找工作中还存在的问题。找准了，就能迈开更大的步伐前进。"

在大庆人已经为祖国建设立下奇功的时候，在全国都学习大庆的时候，他们还要冷一冷，继续运用毛主席提出的"两分法"，从自己的不足处找出不断前进的动力。这不正是我们想了解的问题的答案，也是大庆人更可贵的性格吗？

目录

"战略东移"与松基三井井位的确定 …… 001

康世恩打破框框，提前发现大庆油田 …… 005

我见证了松基三井喷油 …… 009

我们应该铭记老一辈"找油人" …… 013

"三点定乾坤"的具体方案是我提出的 …… 016

大庆的艰苦别的地方比不了 …… 021

确定了"全力以赴，全力支援"的方针 …… 025

石油会战与铁路系统同向同行 …… 029

我着力解决会战工人的衣食住问题 …… 034

学习了"两论"搞生产 …… 038

赵大娘喊出"铁人"的名字 …… 042

王铁人是"大干快上"的先锋战士 …… 046

康部长号召技术干部向我学习 …… 050

鏖战"八一"永难忘 …… 054

置手被焊花灼伤刺痛于不顾 …… 057

给首列原油外运车装车后，我睡着了 …… 061

我接触的这三个劳模都是拼命干 …… 065

领导要求我做"活字典" …… 069

我负责编制大庆油田试验中区方案 …… 073

我们从来没有"受不了"的想法 …… 077

大庆的第一个开发方案 …… 081

我被点名调到大庆参加油田开发 …… 085

"皮夹克派"和"西装派"的论战……089
参加大会战我义无反顾……092
"糖葫芦"封隔器终于试制成功……096
独立推导出地层测压公式"松辽法"……100
在零下40多度的严寒里找答案……104
"万里测温"是我在大庆印象最深的事……108
我为降凝剂的研制做了贡献……112
铁人和科技工作者一起搞攻关……116
王铁人关心的不是小发明而是大问题……120
干一行就要钻一行、精一行……123
我们石油工人的艰苦生活……127
"火线整风"给思想"擦锈"……131
就是靠大伙儿的吃苦精神……134
埋头苦干才是硬道理……137
"道道服"引发了误会……140
工人的干劲都是领导干部带出来的……144
上靠领导,下靠群众,就能把工作搞好……148
我一生中难忘的四个人……152
努力做好党的一块砖……156
摸索物资管理好办法……160
会战中机修战线上的英雄模范……164
感谢大庆这片红色沃土……168
一件件小事儿蕴含的精神……171
以中一注水站着火为镜子……175
"四个一样"不是开会开出来的……178
"五把铁锹闹革命精神"名副其实……182
母亲是一把闪亮的铁锹……186

勤俭节约办厂子 ································ 190

深山集材立战功 ································ 194

十三车队就是硬 ································ 198

总会想起"文化大院" ····························· 201

我负责接待文艺方面的名人 ······················· 205

慰问团的第一次慰问演出 ························· 208

这是我们的"石油国际歌" ························· 211

《石油工人硬骨头》唱出了精神的豪迈 ············· 214

我们背后有一面大庆红旗 ························· 218

大庆会战的功绩不可磨灭 ························· 222

没有共产党,大庆石油会战搞不起来 ··············· 225

参考文献 ·· 229

后记 ·· 231

"战略东移"与松基三井井位的确定

口述人： 翟光明，石油地质勘探专家，中国工程院院士，国家级有突出贡献专家。1926年10月出生于湖北宜昌，祖籍安徽泾县，中共党员。1950年毕业于北京大学地质系。1995年当选中国工程院院士。历任玉门油矿采油厂总地质师，石油工业部地质勘探司总地质师、司长，原中国石油天然气总公司石油勘探开发科学研究院院长，中国石油天然气集团公司咨询中心勘探部主任，中国石油天然气集团公司咨询中心专家委员会副主任，曾兼任《石油学报》主编、中国石油学会常务理事、中国石油学会石油地质学会主任、中国地质学会名誉理事、环太平洋矿产与能源理事会理事、世界石油大会执行局成员、世界石油大会中国国家委员会委员、第十五届世界石油大会秘书长等职。

翟光明

扫码收听会战故事

时　　间： 2014年10月20日

1958年2月，邓小平同志听取了石油工业部党组的汇报。当时的党组书记和部长是李聚奎将军。他率领石油工业部的唐克司长和我，我当时是地质上的负责人，还有一个技术人员叫王纲道，我们4个去给邓小平同志作汇报[①]。邓小

---

① 1958年2月27日和28日，原石油工业部部长李聚奎、勘探司司长唐克以及翟光明、王纲道，就石油的勘探问题向邓小平进行了汇报，听取汇报的还有余秋里。此前，毛泽东主席亲自提议中国人民解放军总后勤部政委余秋里和石油工业部部长对调，并和余秋里谈话。详见《大庆油田史》P3～P4。

1958年，松辽石油勘探局地质队进行野外调查

平当时是中央书记处总书记，分管石油部[①]，所以他听取汇报。

当时我们国家没有油，一九五几年的时候油很少，大部分都是进口油，而且美国封锁我们。在这个期间，我们对全国石油地质方面的认识比较少，因此找到的油气很少，不能满足我们的需要，因此要大量进口，主要是从苏联进口。我们自己国家生产的油气很少，在第一个五年计划里头，从1953年开始到1957年，各种计划都完成了，唯独石油计划没有完成。我们当时油气开发的地点都在西北，例如老君庙油田，再远一点儿的是新疆，1955年发现了克拉玛依油田，就那么点儿油。这显然不够，而且距离很远，用大卡车运输，只能运到兰州，西安都到不了。因此，当时的油气全都在兰州以西、以北。

邓小平同志认为全国这么大，难道只有西北地区有油吗？石油工业部的工作重点能不能考虑从西北转到东部地区来，因为中国的经济重心在东部，用油、用气也都在东部，如果在东部发现了油气，那么经济发展会获得很大

---

① 石油部即石油工业部，下同。

的助力。他提出来应该"战略东移",这就加速了我们东部找油工作的开始,这是动力。他讲了很多,我在《大庆油田的发现》中写了很多。当时的情况,他的这一番话,对于石油工业部加强在东部地区开展石油勘探工作是起了很大作用的①。因此,1959年在东北先是成立了石油勘探处,后来成立了勘探局。1959年的9月26日松基三井喜喷工业油流,大庆油田由此发现。

邓小平同志指示以后,我们加强了东部的勘探工作。邓小平同志说,东北有松辽盆地,华北有渤海湾盆地,靠南一点儿有苏北盆地,这些盆地都可以找油。如果在这些地区,哪个先跳出来打出来了,哪怕只有1吨油,也算你在这个地区有了石油工业。因此,我们选定了几个战略地区,选了东北、华北,也在苏北地区开展了工作。同时,在东北的松辽盆地,我们上手了。

大庆油田的发现井是第三口井,叫松基三井。那时我们派了一些地质队去收集资料,了解了一下盆地情况。松辽盆地是一个平原,上面都被第四系覆盖了,看也看不见,到哪儿去找呢,我们搞油的人首先要了解"生、储、盖、圈、运、保",就是生油层有没有,储层有没有,盖层有没有,运移圈闭有没有,通道有没有,保存的条件如何。大庆油田在松辽平原上,被第四系覆盖着,这些情况都不清楚,怎么办?我们要普查一下。石油勘探的第一个阶段叫"普查",第二个阶段叫"详查",第三阶段叫"细测",然后就是打井了。后来我们就确定了两项,打了松基一井,打在了黑龙江省的任民镇,没打出油,但得到了一些资料。第二口井就是松基二井,打在了吉林省扶余市的登娄库屯,是靠过去简单的地震方法做出的重磁力的结果。

---

① 汇报时邓小平全神贯注地听并不多问,结束时做了一番决定中国石油工业发展方向的重要指示。他说:"第二个五年计划期间,东北地区能够找出油来,就很好。把钱花在什么地方,是一个很重要的问题。总的来说,第一个问题是选择突击方向,不要十个指头一般平。全国如此之大,二十、三十个地方总是有的,应该选择重要的地区先突击,选择突击方向是石油勘探的第一个问题。不然的话,可能会浪费一些时间。"他强调要在经济比较发达、交通条件好的地区加快石油勘探工作。他说:"就经济价值而言,华北和松辽都是一样的,主要看哪个地方先搞出来。把真正有希望的地方,如东北、苏北和四川这三块搞出来,就很好。对这些地方,应该创造条件,在地质上创造一个打井的基础,可以3年搞成,也可以5年搞成,应该提出一个方案来。如果龙女寺钻出油来,四川石油工业就会跳到前面,东北搞出油来也会跳到前面。"详见《余秋里回忆录》(下册)P413~P414。

第三口井打在哪儿？很多的人进行了研究，因为前两口井都打在了凸起上，第三口井要打到凹陷里头，凹陷的情况又很不清楚，只有一个重磁力的资料，因为地面都是平的，要通过地球物理的资料看到地下都是什么东西。后来我们用地球物理的资料看了一下，发现下面有一个隆起的东西，是一个长垣，南北向的。那时是1959年的2月份，在春节期间，在石油工业部大楼的二楼一个小会议室里头，由康世恩副部长主持了一个研讨会。会议的主要议题就是确定这个松基三井打在什么地方，由勘探局的人先提出一个意见，然后大家讨论。参加的人有康世恩同志，有他们一个局长，一个地质学家，我还记得叫张文昭[①]，他已经过世了。还有我们一个老科学家，没有我现在老，是个地球物理学家，叫翁文波，是翁文灏的弟弟，很有名的，他参加了，我也参加了。就在这个研讨会上，最后确定了松基三井井位在大庆长垣靠南的高台子。1959年2月份，春节一共4天假，我们一天也没休息，研究确定了松基三井的井位[②]。当时参加会议的人除了我现在全部都过世了，现在活着的就剩我一个人了。

[①] 张文昭，男，1931年2月出生，汉族，中共党员。1951年毕业于南京地质矿业专科学校，原中国石油天然气总公司勘探局副局长兼总工程师，教授级高级工程师，国家级有突出贡献专家。

[②] 1959年2月8日，是农历乙亥年的春节。石油工业部办公大楼二楼的一个小会议室，康世恩召集翟光明、余伯良以及松辽石油勘探局的李荆和、张文昭等人开会。康世恩一针见血地指出前两口基准井失利的原因："第一口基准井打在凸起的斜坡部位上，不到2000米就打进变质岩，没有见到油气显示，看来没有打到地方。松基二井打在登娄库构造上，见到一些油气显示，试油没有见到东西，可能太靠近盆地边缘。盆地边缘白垩系露头不具备生油层的条件，我看得向盆地中部去勘探。"康世恩特别强调了第三口基准井对松辽盆地的突破具有十分重要的意义，他指出："重力、磁力、地震资料都是第二性的，要找出油来还要靠打井，真正看看地下是什么东西。"这个小型座谈会从初一开到初三。最后康世恩拍板定案："现在松基三井的井位与松基一井、松基二井形成等边三角形，处在不同构造上，又是'坳中之隆'，位置十分理想，要尽快准备好开钻！"详见《康世恩传》P104。

康世恩打破框框，提前发现大庆油田

口述人： 李惠新，1932年出生于河北省涿州市，中共党员。1952年毕业于兰州石油专科学校，分配到西北石油管理局，担任康世恩秘书11年。1960年随康世恩来大庆参加石油会战，1963年以后先后任大庆油田采油指挥部四矿副矿长、大庆油田采油三厂党委副书记、党委书记，会战指挥部政治部副主任，大庆市委副书记，大庆市人大常委会主任等职。1997年退休。

时　　间： 2014年5月23日

过去我们搞了十几年石油，从1949年到1959年，主要是在西北。西北当时有1937年开发的玉门油田，还有陕北1907年开发的延长油田。新中国成立后，我们国家的石油勘探主要集中在西北地区。1958年的时候，邓小平开始主管石油工业，他说我们不能老在西北地区搞，我们得到东边去，到沿海地区去，比如去松辽、江苏、四川地区去找石油，用油的地方都在那里，在那儿找到了石油对国家贡献就大了。所以，石油工业部就对勘探工作部署进行了比较大的调整，工作重点由西北调整到东北、江苏、四川等地区。这样一来，我们就在东北这个地区打了一些探井，做了一些地质调查。地质部1956年就开始做了，初步了解松辽地下就是一个长垣。所以马上部署了一些探井，打了二十几口井，初步判断这个地方很有希望。

1959年9月26日，松基三井喷工业油流，大庆油田由此被发现。说到松基三井喷油，就不得不说到康世恩和苏联专家的一场争执。松基三井由松

辽石油勘探局的 32118 钻井队施工，于 1959 年 4 月 11 日开钻。7 月，钻至 1050 米，开始连续取心，见到含油显示 3.15 米，含油饱满。消息传到北京，康世恩即率苏联专家组组长米尔钦科院士等来到哈尔滨，对该井含油气前景实地做出评价。康世恩和米尔钦科一段一段仔细地对照岩心，看完所有地质图和资料。米尔钦科舒展眉头，说油气显示良好，要是在苏联遇到了这种可喜的情况，就要举杯庆贺了。他提出，继续钻进，以便了解地层深部的含油气情况。专家组的其他专家也是这个意见。

康世恩听完专家的意见，默默地思考后和专家们商量："打井的目的就是找油，一旦见到油气显示，就要马上把它弄明白，不要延误时机。从这口井的资料来看，希望很大，应该停钻试油，尽快确定有无开采价值。"米尔钦科立即表示反对。他提高嗓门说："勘探要讲究程序，基准井要完成基准井的任务！"

康世恩完全理解米尔钦科的意思。但是，他认为具体问题要具体分析，一切要从实际出发。他指着钻井工程资料对大家说："这口井现在才打到 1000 多米，如果按基准井全部取心，打完 3200 米，起码还得半年，油层被泥浆浸泡时间长了，恐怕有油也试不出来了。如果现在试油，有开发价值，可以立即开发，另外再打一口基准井也可以嘛！"米尔钦科仍不同意。可康世恩想的是我们国家迫切需要石油，只有争取时间早日在东部找到油田，才能缓解国家的困难。他向在北京的余秋里请示后决定：松基三井提前完钻，立即转入完井试油。

考虑到松辽石油勘探局还缺乏完井试油的经验，康世恩当时就急电玉门石油管理局，点名调玉门油田固井工程师彭佐猷带领全套人马日夜兼程赶到松辽这里来固井[①]。回到北京后，他又从石油工业部机关和北京石油学院抽调技术人员，立即赶赴松基三井参加试油。临行前，康世恩召集大家开会，提出了具体的要求：必须对见到油气显示的两个油层进行不同常规的彻底试油，

---

① 固井，指向井内下入套管，并向井眼和套管之间的环形空间注入水泥的施工作业，是钻完井作业过程中不可缺少的一个重要环节，包括下套管和注水泥。

并就这口井的固井、射孔、压井、抽汲和提捞等试油的每一个具体步骤做了详尽的指示。当时的习惯做法是捞油，康世恩则强调，这次要先捞水。他说："在一定的油层条件下，尤其是在松辽盆地还没有气举设备这类先进的试油手段的情况下，深部提捞就是最有效、最彻底、最好的试油方法了。"康世恩要求试油工作组每天用电话或电报向他汇报一次情况，每周用书面方式汇报一次。

1959年春，32118钻井队在松基三井安装井架

康世恩提出的这套试油技术和措施，打破了当时正规试油方法的框框。在严格按照这个要求施工之后，正如康世恩所预料的那样，一边捞水一边井筒内就开始出现油柱。这一情况使试油工作组的专家和职工大为欣喜。康世恩得知情况后，立即发来电报，严令："一定要加深提捞，把捞筒下到油水界面以下去，只捞水不捞油，做到水落油出。"试油工作组和工人们用了7天7夜的时间，直到把井底的泥浆和掉下去的小螺丝都捞了上来，康世恩才认为是把水捞净了。1959年9月26日，液面恢复到井口并开始外溢原油，用8毫米油嘴放喷，日产原油13.02吨，获得了有价值的工业油流。

怎么样很快地拿下这个油田？当时国家又比较困难，我们石油行业也比较困难，人力、财力、物力都比较缺乏。余秋里是一个军人，学习毛主席集中兵力打歼灭战，把队伍组织起来，把我们有限的财力集中起来，都到这个

康世恩打破框框，提前发现大庆油田

007

地方搞会战。所以，这就想起了1958年底组织的四川会战，37个厂、矿、院校一万多人到四川这个地方，结果扑了空[①]。所以再搞会战这个想法就比较成熟了，石油工业部给党中央打了报告。很快，中央在1960年2月就批准了，很不容易。这样到1960年2月左右，我们开始组织石油大会战队伍。

---

① 余秋里在回忆录中总结川中石油会战的经验与教训时说："川中石油会战，可以说是我刚到石油部后打的一场'遭遇战'，也是转到石油工业战线后的第一次重大实践。在这次会战中，我们碰了钉子，也学到了不少知识，得到了有益的启示，对我以后的工作大有好处。通过川中找油，我进一步认识了石油工业的复杂性。实践证明：一口井出油不等于整个构造能出油，一时出油不等于能长期出油，一时高产不等于能稳定高产。我认识到，石油是深埋地下、看不见、摸不着的流体矿物，因地而异，情况复杂，必须在不断实践中，取得大量的、能反映地下真实情况的资料，经过反复试验研究，才能对地质情况、油层性质、油藏类型做出正确的判断，这是有效地勘探石油、开发油田的基础。"详见《余秋里回忆录》（下册）P431～P432。

我见证了松基三井喷油

口述人： 邱中建，石油地质学家，大庆油田发现者之一。1933年5月出生于江苏省南京市，祖籍四川省广安县，中共党员。1950—1953年，在重庆大学地质系石油地质专业学习。历任石油勘探开发科学研究院总地质师、中国海洋石油总公司总地质师、石油工业部勘探司司长、中国石油天然气总公司副总地质师、中国石油天然气总公司副总经理、中国石油勘探开发研究院院长、中国石油学会理事长、中国石油天然气集团公司咨询中心主任等职。荣获国家自然科学奖一等奖1项，国家科技进步奖特等奖1项，国家科技进步奖一等奖、二等奖各1项，1999年当选中国工程院院士。

邱中建

扫码收听会战故事

时　　间： 2014年10月31日

石油工业部派了一个工作组，专门负责这个井（即松基三井），蹲点试油。组长是一个搞工程的，叫赵声振，他后来是中国海洋石油公司的副总经理。他是组长，我是组员，还有一个测井工程师叫蒋学明[①]，我们三个人组成一个石油工业部的工作组，在松基三井蹲点。蒋学明早期走了，坚持到最后的就是我和赵声振，他比我走得还晚，是12月走的，我是11月下旬走的，我在那儿待了4个月。我记得当时睡在老百姓的炕上，已经是11月份了，老棉袄有时候贴着炕沿都会烤焦。我是在夏天去的，一直到冬天，那地方连个

---

① 蒋学明，男，1927年12月出生，汉族，中共党员。1950年在重庆大学毕业，原中国石油天然气总公司科技发展局副总工程师，教授级高级工程师。

茅房也没有，蚊子还很多。

在那个井上，我们做事是很仔细的。为了固好井，专门请了玉门石油管理局的总工程师彭佐猷来指挥固井。我们在赵声振的指挥下专门做预习，就是固井，先看水打不打得上来。那时候还是人工搬洋灰（水泥），要演习，看能不能搬得上去，怎么固井，演习了好几遍，所以我们固井是固得很成功的。然后是射孔，我们也做得很认真。我们在地下挖了一个大坑，把套管下到底下，固上水泥，然后拿射孔枪放在那儿，趴到远远的地方，把那个点着了，射开，又把那个拔出来，看那个套管裂没裂，打开了没有，打进去了多深。这等于是我们先全都做了一遍，然后再拿到井上去做。我们非常认真，我认为这是我们取得成功很重要的一点。这是当年蒋学明做的工作，他不是搞测井的，是搞射孔的，就专门在地面上，我那时跟着他学，趴那儿看。后来我才开始射孔，当然很成功。

射孔以后没显示，我们拿的是清水压的井。没显示就提捞[①]，拿那个捞桶去捞水，捞到第二天，那个套管里的水面就往下降了。1000多米的井，降了300米左右，然后就闻到香味了。过了一会儿，捞出来的水上面就漂了一层油花，后来就越漂越多，出油了！但并没有喷，我们就开始捞，后来就越捞越多，我们就准备捞油了。准备求个产量嘛，就是看一天到底能产多少，就捞啊，捞啊……

我们当时的工作每天必须要向石油工业部汇报，石油工业部对我们那个井管得很严。当时没电话，我们就发电报，到大同镇去发，发完以后马上就有指示回来。我们在上面捞油准备求产，这个动作被石油工业部严肃批评了一顿："你们不准捞油，必须捞水，把底下的水捞干净！"因为油很轻，在上面聚集，水很重，所以下面的水并没有出来，必须把整个套管里的水置换成油，把水都捞出来才行。所以后来就按照命令捞水，捞了好几天，一下捞到底，捞光了！井底的螺丝帽等一些杂物都捞出来了。就在这时，井开始溢流

[①] 将装有单向阀门的捞筒下入井中，令液体冲开底部阀门进入捞筒，上提时阀门关闭，以这种方法将井内液体提捞出井外。

1959年9月26日，松基三井喜喷工业油流

了，还不是喷，但也快要喷了。所以我们赶快抢下油管，因为它是个空套管嘛，所以必须得把油管下下去。哗哗哗……下的过程就开始喷了。我们拼命下，下完了就把井封死，一放就喷了！那天是9月26日，就是在那天，我们发现了大庆油田。

那水不是地下水，是我们压井的水，那个井筒里头装的是油，比重很轻啊，油是0.8，水是1啊，所以水压着它出不来啊。我们得把水换成油柱，变成0.82、0.85那样的比重，油就出来了，一关井它就有压力，一有压力就喷出来了。9月26日，当时喷出的油一天也就十几吨，《大庆油田的发现》上面都有：9月26日上午11时开始抢下油管，下到井深1346.20米。当天下午4点用21毫米和9.5毫米油嘴放喷，9月28日至29日关井，是因为那时没计量，求得井口压力是14.1大气压。9月30日到10月8日正式试油，8毫米油嘴日产油14.93立方米（13.02吨）。在《大庆油田的发现》这本书中，杨继良写得最详细，我也写了，主要是写前面那一段，钟其权也有一篇。

喷油的时候老乡都来了，大家很高兴很激动。喷油的动静很大，我们挖了一个坑来计量喷测量。试油的时候一般都得先挖坑，油往里头流，算一下长宽深就得出喷测量来了。

旗帜 口述大庆石油会战

油喷了以后，消息就传开了，首先惊动了省里。省委书记欧阳钦[①]来视察工作嘛，他就说这个大同镇不如改成大庆镇，后来就成了"大庆油田"了。当时非常高兴，但不像现在宣传得那样激动，因为也不知道有多大，大到什么程度也不明白，大庆油田的伟大是日积月累地感到它很伟大，很了不得的！

我们搞石油的人，摸一把石油是司空见惯的，要拿手摸着闻啊。那油是很香的，有的人感觉不怎么样，我们觉得很香。

[①] 欧阳钦（1900—1978），号惟亮，湖南宁乡人。早年在长沙长郡中学学习，后进入北京高等法文专修馆学习。1919年赴法国勤工俭学，参加了中国旅法学生爱国请愿活动。1924年加入中国共产党。1926年加入叶挺独立团，参加北伐战争。1934年10月，参加长征。抗日战争胜利后，任中共冀察热辽分局秘书长，中共旅大地委书记、中共旅大区委书记、中共旅大市委书记。新中国成立后，历任中共旅大市委书记兼市长，中共黑龙江省委第一书记兼省长，东北协作区主任，中共中央东北局第二书记。1978年2月任政协全国委员会副主席。曾任中共第八届中央委员会委员、第五届全国人民代表大会常务委员会委员。

我们应该铭记老一辈"找油人"

口述人：石宝珩，1938年出生于辽宁省锦州市，中共党员。1963年毕业于北京大学地质地理系，同年8月到大庆参加石油会战。先后参与松基六井资料的搜集整理和朝阳沟、葡萄花、高升、模范屯等油田的井位确定工作，担任过大庆石油会战指挥部勘探组组长等职。1978年调离大庆，先后担任原石油工业部副部长闵豫秘书、石油工业部科技司油田科技处副处长、中国石油天然气总公司科技发展局局长等职。一生主持过很多国家级石油地质重大科技攻关项目，在石油科普、石油史研究等领域颇具建树。2015年9月16日因病在北京逝世。

时　间：2014年5月16日

新中国成立后，找不到油，对国民经济的发展造成了很大的影响。第一个五年计划，全国各部委没完成任务的只有石油工业部。1955年，西部地区勘探取得了重大成果——发现了克拉玛依油田①。克拉玛依油田的发现有力地证明了陆相生油理论，这是新中国成立以来的第一个证明。后来，党中央提出勘探东部地区、华北一带的平原，也就是著名的"战略东移"。所以，地质

---

① 克拉玛依位于新疆准噶尔盆地西北边缘。1955年1月，全国石油勘探会议举行，把新疆确定为重点勘探地区之一。经过半年的准备，技师陆铭宝任队长的1219青年钻井队由独山子开赴黑油山。1955年7月6日，南侧1号井开钻；10月29日完钻，次日喷油。从此，"克拉玛依"这个象征着吉祥富饶的名字传遍了五湖四海。到1960年，油田初步探明含油面积290平方千米。克拉玛依—乌尔禾油田先后发现克拉玛依、白碱滩、百口泉、乌尔禾、红山嘴等多个油田，整个轮廓呈现在世人面前。

1982年7月,大庆油田发现过程中的地球科学工作被授予国家自然科学奖一等奖

部把勘探重点转移到了东部,如果我们能在东部找出油来,那价值就更高了;如果能在江苏一带找出油来,那就更好了,因为东部地区是我们国家经济发展的主力地区。

找油靠的是集体智慧,功劳绝不是哪个人、哪几个人的。我们应该永远铭记老一辈"找油人",他们为新中国的石油事业所做出的努力彪炳史册。在当时的玉门,生活、工作条件实在是艰苦。在那个年代,留学归来的知识分子大多是有钱人家的子女,属于"贵族"。但这些人为了事业离开了城市,告别了优越的生活环境,一心到玉门去干事业,他们的精神是很可贵的。还有,不能以我们现在找到的石油储量,来对比他们当时找到的储量,那时候的技术条件与现在比,是很有限的。

大庆油田发现27周年的时候,我在《光明日报》上发表过一篇文章——《是谁发现的大庆油田》,当时引起了争论。发现大庆油田的是石油工业部还是地质部?我引证了周总理的一句话,大庆油田是"根据我国地质学家独创的石油地质理论进行勘探而发现的"。确实,大庆油田的发现,是很多人集体智慧的结晶。谁发现的大庆油田?井是石油工业部根据地质部提供的材料打的,所以油井不仅是石油工业部的,也是地质部的,是共同成果。1954年到1955年,石油工业部在松辽盆地的海拉尔、阜新一带做油页岩(油苗、露头儿)调查,地质部的主要力量集中在华北地区。黄汲清和谢家荣他们的地质普查委员会在安排1955年工作的时候,补充安排了松辽盆地地质踏勘。所谓的地质踏勘,就是组成地质队到有露头儿的地方进行地质调查,看看有没有生油层、储油层,有没有生成油的远景。1955年8月中旬,东北地质局的地质队长韩景行带队组成的松辽盆地第一个地质踏勘队开始了首次松花江中游沿岸的地质调查工作。发现大庆油田的历史功勋者,李四光是第一人。黄汲清是作为地质系统代表排在第二的人,第三就是谢家荣,因为他们最早安排了地质队伍进行调查。1957年3月,石油工业部地质调查处组建了一支邱中建为队长、编号为116的地质专题研究队,到松辽盆地进行踏勘,结论也是如果再向盆地里面走,含油远景极具希望,所以在1958年的时候就去勘探了。大庆油田发现的过程,确实是在陆相生油理论的指导下进行的,这是一个群体的创造。

  我主要是搞石油地质。1982年我加入了中国地质学史研究会,任副会长直到现在,同时我还是中国资源辩证法研究会的副会长。据我了解,中国石油的发展分为三个阶段。第一个阶段,古代石油天然气阶段。四川在宋朝的时候,比较广泛地应用石油,这是在中国最早发现石油的时间。第二个阶段是近代。1878年在台湾苗栗地区,当时有一个杀人犯发现水上有油,后来挖个坑捞出油来了。清朝政府知道以后,从美国引进了钻机,在那儿打第一口井,这口井还出油了。那口井属于中国第一个使用机械的钻井,是近代石油工业的开端。第三个阶段从1907年开始,当年清朝政府在陕西延长打了大陆上的第一口井。中国石油工业有几十年的历史,经过了很多代人的努力,才取得了今天的成绩。抗日战争的时候,中国没有油,所以很被动。新中国刚成立的时候,我们的石油工业力量也是十分薄弱的,搞石油地质研究的还不到30人,当时找到的油才2000多万吨。

"三点定乾坤"的具体方案是我提出的

口述人：李德生，中国科学院院士，石油地质学家，大庆油田发现者之一。1922年10月生于上海市虹口区，1984年加入中国共产党。1945年毕业于重庆国立中央大学（1949年更名为南京大学）地质系。自1945年毕业起，先后参与玉门油田、川中油田、大庆油田、中原油田等国内众多油田的地质勘探和开发工作。1991年当选中国科学院院士。1996年当选中国科学院学部主席团成员。他丰富发展了陆相生油理论，并且完善了我国油田开发的技术基础，为我国油田的开发做出了卓越贡献。科研成果"大庆油田高产稳产的注水开发技术"获国家科学技术进步奖特等奖。曾获得2010年度陈嘉庚科学奖等奖项。后任中国石油勘探开发研究院总地质师，是美国石油地质学协会终身会员。

时　间：2014年10月20日

从 1959 年 12 月到 1963 年 12 月，在这 4 年里，我主要做了四件事，第一件就是"三点定乾坤"①。当时我们跟地质部做了详细分工，所有的地质队和地球物理队，例如重力队、磁力队、地震队，都是由地质部派，他们负责搞普查；等到要打井了，例如打基准井、预探井、浅探井、深探井，都是由我们石油工业部负责。当时地质部都在南面做地震工作，因此他们只提供了南面的地质构造资料，北面的情况没有相关资料，什么情况都不知道。

我记得很清楚，1960 年 1 月 1 日这天一早，地质部负责松辽勘探的地球物理总工程师朱大绶，带来了一份 1∶100000 的大庆长垣地震构造图。我们一看特别兴奋，图上除了南部构造外，还清晰勾画出了杏树岗、萨尔图、喇嘛甸三个面积各为 100～400 多平方公里的地质构造，可以明显地看到三个高点，不但同重磁力、电法显示的轮廓和高点吻合，而且准确地反映了这些构造的范围和高点的位置，这在过去是我们所不知道的。然后我们根据地质资料，进一步判断北面这三个大构造，究竟是含油还是含水。通过分析资料，我们知道沉积是从北面大兴安岭那边来的，越往北，地层的砂岩越厚，含油层越厚，后来井打出来也证明这个推测是正确的。从水文地质条件来讲，北面有可能也是一个大的水源，因为油层里面含水。问题是原来油水的边界在什么地方我们不知道，现在通过地质图知道了，分界是在黑鱼泡这边，往北打出来的都是水，同一个层面林甸这一带打井也都是含水的。但是要证实这一结论，必须通过实践钻探才行。为此，我们大家一致认为要向北钻探，其

---

① 1960 年 2 月 20 日，中央批准了开展大庆石油会战后，当时会战队伍一直集中在长垣南部的大同镇，会战主攻地区也在长垣南部。但在整个大庆长垣上甩开钻探时，出现了新的情况：位于长垣北部萨尔图构造上的第一口探井萨 66 井于 1960 年 3 月 11 日完钻喷油，试油初期产量达到每日 148 吨，生产能力远远超过大庆长垣南部的探井。会战领导小组根据萨 66 井的新情况和地质技术人员的分析，预计长垣北部的油层厚度大，产量高，且靠近铁路线，交通更便利。因此当机立断，改变会战部署，把主攻地区从大同镇附近移往北部的萨尔图。1960 年 4 月 9 日，杏树岗构造上的第一口探井杏 66 井（原名杏 1 井）也喷出高产油流；1960 年 4 月 25 日，大庆长垣最北部的喇嘛甸构造上，第一口探井喇 72 井（原名喇 1 井），完钻喷油，日产油量达到 174 吨。萨 66、杏 66 和喇 72 井陆续喷油，证明大庆长垣北部的 3 个构造不但含油，而且油层更厚，产量更高。因而说明南起敖包塔、北到喇嘛甸的 800 余平方公里的范围内都是含油区，已经显示了油田的轮廓。因此，当时人们把这三口井喷油，称作"三点定乾坤"。详见《大庆油田企业文化辞典（60 年）》P25。

中萨尔图400多平方公里，杏树岗300多平方公里，喇嘛甸100多平方公里，合计800多平方公里的三大构造，需要尽快地打预探井。

经过反复思考、论证，余秋里下了命令，让我第二天就到现场进行"火力侦察"，并在这三个构造的高点各定一口预探井。他让我出具体方案，到现场确定井位，让石油工业部勘探司调度处处长邓礼让跟我一起去，负责调运钻机，组织搬迁。余秋里说："我是等不及了，要到上海开会。李德生，你在野外把这三口井的井位定下来，不用等我回来，也不用向我汇报，让邓礼让直接把钻机拉上去打井，加快速度，时间很紧张。"

大庆油田的地质构造在1000米以下，地面上根本什么都看不到。因此，在千里荒原上设定井位必须有一张带大地坐标的地图，否则井位落不准。当时松辽石油勘探局使用的地形图和地质部长春物探大队送来的最新地质构造图比例不一致。长春物探大队给我们的是1∶100000的地质构造图，而松辽石油勘探局使用的是1∶50000的地形图。由于比例不一致，按照哪张图都难以精确定位，必须把两张图按照相同的比例尺合成一张图，才能按坐标找到地面上根本看不到的构造高点。为此，我们连夜找绘图室的人来帮忙，我和绘图室主任马列说："请你们绘图室的同志辛苦辛苦，明天就定三口井的井位了，今天晚上务必把这1∶100000的地质图缩放成1∶50000的构造图，这样两张图才能套起来使用。"那时没有复印机，缩放必须拿缩放仪拉尺子，一根线一根线地描。我和几名绘图员忙活了一夜，把一米多长的地质构造图和地形图套在一起，用比例尺逐条线放大，直到听见鸡鸣才绘出了一张可以使用的新图。现在方便了，用复印机放缩多少，一下就出来了。杏树岗、喇嘛甸、萨尔图三个新发现的背斜构造依次排列，像一串馒头组成了一道隆起的长垣。余秋里让我们甩开钻探，其实就是要在每个构造的最高点扎上一个锥子，看看能不能放出"血"来。而图上一毫米的距离相当于实际的一公里，到底能不能找准定准位置必须进行实地测量才行。

第二天早上八点钟，一辆苏制的嘎斯69型吉普车和一辆嘎斯51型卡车驶出了大同镇，吉普车拉着我、邓礼让和我的一个助手。嘎斯51型卡车拉着

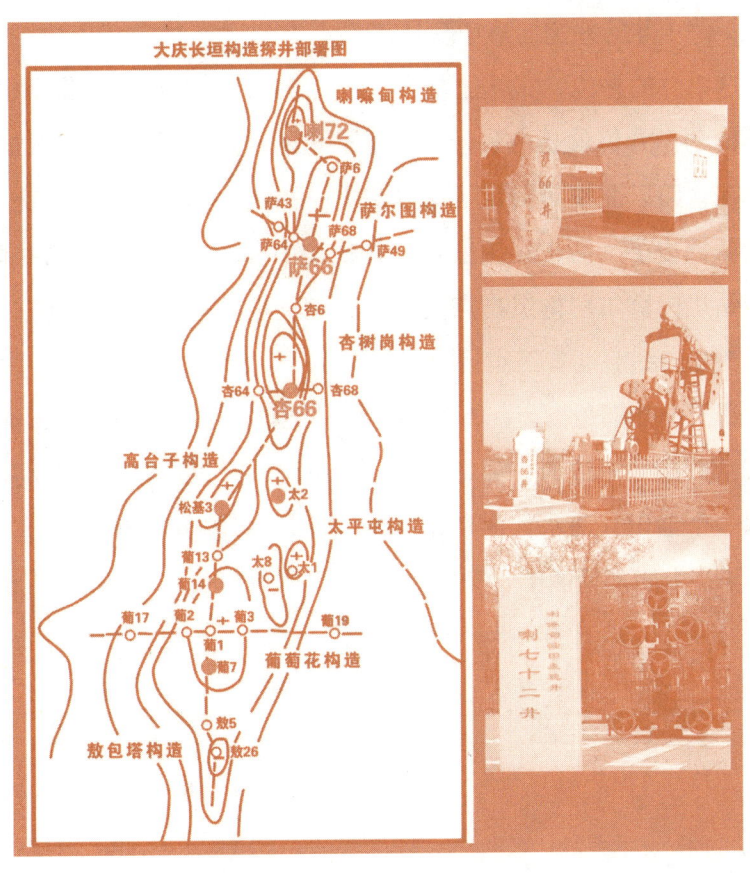

大庆长垣构造探井部署图：三点定乾坤

一整个测量小组，每个人身上都穿着笨重的皮大衣，头上戴着长毛狗皮帽子，脚上是半高筒皮棉靴。从大同镇、萨尔图再到杏树岗根本没有路，汽车只能在冰雪覆盖的土路上费劲地颠簸前行。司机问我："李总，怎么走啊？"我全靠拿的这个1∶50000的地形图告诉他。我手里还拿着罗盘仪，我说往北偏东或者北偏西多少度，司机就往那个方向走，必须要找到构造高点附近的村子作为参考地标。在荒原上，我们很容易迷失方向，从地图上看仅仅70公里的直线距离，却耗费了我们大半天的时间。找到几十户人家的大架子屯时，已经是下午了。我立即指挥测量队展开作业，把经纬仪架起来，一个标尺一个标尺地测。终于赶在太阳下山之前测出了屯北1公里的地方，是萨尔图构造的高点。我又仔细核对了地质构造图和地形图，才让测量队拿大的木桩钉进

"三点定乾坤"的具体方案是我提出的

去，写上：萨 1 井的井位，某年某月钉。

定完这口井的井位，邓礼让要马上赶到 32149 钻井队驻地将钻机拉上来，因此剩下的两个井位就是由我带着测量队定的。到杏树岗定了第二口井——杏 1 井，在铁路以北喇嘛甸定了第三口井——喇 1 井，井位都定完后，我就带着测量队回去了。后来，调度长邓礼让集中车辆，把 32149 钻井队的苏制乌德大型钻机向萨尔图构造高点附近的大架子屯转运。由于路途遥远，冰天雪地，萨 1 井的钻前准备工作持续了一个多月，直到 2 月 20 日我才得到开钻的消息。这三口井都是高产井，产油能力一天自喷 100～200 吨，油层又厚，地层压力系数都是一致的，都是 1.06。这说明，这三个构造不但高产，而且可能是同一个油田，油水界面都是 1200 米深，海拔负 1050 米，这个深度以下就是水了，上面都是油层。

大庆的艰苦别的地方比不了

口述人： 胡见义，中国工程院院士。1934年3月出生于北京市，中共党员。1952年考入北京地质学院，次年赴苏联留学，1954年进入苏联乌拉尔矿冶学院石油地质系学习，后又转入莫斯科石油学院学习石油地质专业，1959年毕业，获硕士学位，同年9月到大庆参加石油会战。历任大庆石油勘探指挥部地质综合研究大队综合研究室主任、主任地质师，大港、胜利油田主任地质师、总地质师，阿尔巴尼亚石油总局中国专家综合组组长，石油勘探开发科学研究院副院长、总地质师、博士生导师，北京石油大学和西北大学兼职教授等职。他三次被评为"五好红旗手"，1963年被评为"五好技术干部标兵""科学技术能手"。1997年当选中国工程院院士。2012年6月，获得第九届光华工程科技奖"工程奖"。

胡见义

扫码收听会战故事

时　　间： 2014年5月20日

一到大庆，首先遇到的就是吃饭问题，我不习惯吃高粱米、大碴子，即使我能吃这个，数量也不够。我们每月的定量是21～22斤[①]，钻井工人虽然多一些，但更不够，因为他们是强体力劳动。这不能和现在比，现在别说是21斤，就是11斤我也够了，因为有菜啊、有肉啊，那时候什么也没有，把萝卜腌一腌就吃。到过年、过节打几只鹿，现在没有了，当时松辽平原有鹿，

---

① 1斤等于0.5千克。

当地人管黄羊叫鹿。这个黄羊还是要统一管理的，在指挥部那里掌握，不能一下就把它们打光了。

我们下井队没有车，只能搭运输车，跟开车师傅说一下，然后就爬到车上，到井队就下车。有时候到了井队，很远能看到有烟，知道是吉普车来了，所以叫"屁股带冒烟"。现在的汽油已经很好了，都是90多号的，那时候的汽油是七八十号，一发动就是黑烟。吉普车来了，我们就知道是领导来了，领导来了就有好事，不是给我们送东西，就是给我们送鼓励。那时候我去的最远的井队在大同镇，我从葡萄花走到大同镇是14公里，没有搭上车就一路走过去，但不能赶在晚上走，天黑会有狼。当时粮食定量，到井队吃饭是一个很麻烦的问题，怎么解决呢？我们就沿途捡老百姓收剩下的芸豆、黄豆、玉米什么的。我们地质室一共有5个人，每天都有两三个人出去，到井队或者到上级部门去，出去都有任务，必须带一斤黄豆或者两斤芸豆，不能空手回来。那时候就靠捡豆子充饥，捡不回来不行，大家都等着呢！这事情还要很隐蔽，到了晚上12点以后，我们就用脸盆煮上一锅芸豆，一人吃一碗，吃完以后人好像都容光焕发了一样，这时候就可以"开夜车"了。再一个问题就是穿衣。我从国外回来时把衣服都带回来了，有毛料子的中山装两套，还有一件呢子大衣。呢子大衣到大庆以后根本用不上，因为那时候零下三四十摄氏度，我就先穿别人的军大衣对付着。一个半月后，队上发给我带道的棉工服了，棉工服穿上特别暖和，最后又发了皮大衣和皮帽子，"穿"这个问题算是解决了。

那时候生活条件特别艰苦，一个炕上要睡六七个人，有时候还有女的。因为都是土坯垒的炕，也不脱衣服，盖上棉衣就睡。卫生间都是露天的，只不过女的更麻烦，她们要跑得更远一点儿。这种生活条件也是我们国情的反映，也是大庆会战条件的反映。我们出差是个非常大的难题，不是有车没车的问题，而是夜里住哪儿的问题。比如说，我们到"三肇"，必须得在那儿过

东北大车店

夜吧？那里只有大车店①，一进去是两层铺，下面一层可以睡一二十人，上面的就得用梯子爬上去。铺上铺的都是草席子，下边是炕。在冬天，下面的铺就相当于现在的头等座、头等床，因为离火近，更暖和。我们就这样凑合着，算是可以过夜了。我们年轻，很快就能睡着。但有一个难题，就是我们得把所有的衣服脱光，连裤衩都不剩，然后用皮带吊到梁上，因为那炕上有虱子！虽然自己身上也有了，但还没有那么多。还有一个办法除虱子，那就是把衣服拿到老百姓家的柴火堆上晾开，第二天早晨一抖落全都掉了，都冻死了！当时没有办法总洗衣服，就是洗也洗不干净，因为藏在衣服缝里的洗不掉，虱子的生命力是很强的。夏天也有夏天的难处，就是蚊子太多。蚊子一来铺天盖地，而且不怕死，咬上你不飞走，你一拍，死好几个。那些水泡子，现在成了"百湖之城"的湖了，蚊子其实就是在那些水泡子里滋生的，它们平常也没有什么吃的，所以见人来了，就使劲咬。我们平常出去要带蚊帐帽的，

---

① "大车店"是中国传统民间旅舍，主要设置于交通要道和城关附近，为过往行贩提供简单食宿，费用低廉，因行贩常用的交通工具大车而得名。

大庆的艰苦别的地方比不了

要不然走 10 公里得被咬死。还有一种叫"小咬"①的虫子，也很厉害。

在那种环境中，几万人在那里能够做出这么大的成绩，大庆的功绩和精神是永不磨灭的。任何一个地方，可以和它比较，但都达不到大庆精神那种境界。

1962 年，整个战区组织了二三十个宣讲团，那时叫报告团还是什么团，下到基层宣讲。讲大庆的革命精神，讲革命加拼命，讲艰苦奋斗，重点还是讲艰苦奋斗，因为当时确实已经有人经受不住考验，跑了。

---

① "小咬"是墨蚊的俗称，墨蚊是蠓科动物，又称"蠓柏子"，种类繁多，全世界有 400 多种，中国吸血的蠓约有 200 余种。墨蚊身体粗短，背部隆起。雄性以花蜜为食。大部分雌性以鸟类和包括人类在内的哺乳动物的血液为食，叮咬起来很疼，并有毒性。此种昆虫常出现在天气炎热的午后，并且喜欢成群出现，吸附于人体上进行叮咬。

确定了"全力以赴,全力支援"的方针

口述人:郝文学,1934年7月14日出生,中共党员。1952年8月毕业于安达县(现安达市)一中师范学校。为支援大庆石油会战,黑龙江省委做出了"全力以赴,支援会战"的决定,成立了支援会战领导小组,黑龙江省委书记处书记强晓初为组长,省委常委、副省长陈雷,副省长陈剑飞,哈尔滨市委第二书记、市长吕其恩,嫩江地委第二书记、专员于杰等为副组长,组员包括省委组织部副部长曲常川等人。郝文学时任曲常川的秘书。

郝文学

时　间:2014年7月22日

扫码收听会战故事

1960年2月13日,石油工业部党组报请中央批准,集中优势兵力,开展一场声势浩大的勘探开发大庆油田的大会战。中共中央于1960年2月20日批准了石油部党组的报告。于是,一场标志着新中国石油工业崛起的石油大会战开始了!中共黑龙江省委、省人委和全省人民十分重视这场大会战,大力支援。石油工业部党组于党中央批准石油大会战的第二天,就在哈尔滨召开了大会战的第一次筹备会议。黑龙江省委派省委常委、副省长陈雷和副省长陈剑飞参加了会议。会议结束后,省委立即召开了常委(扩大)会议,传达了中共中央的指示。大家讨论,一致拥护党中央的英明决策,一致认为,随着会战人员的集中,必须做好一切支援工作。因此,大会确定了"全

力以赴，全力支援"的工作方针①。同时，欧阳钦书记在会上明确指出："油田和我们是一家，凡是我们有的，要人给人，要物给物。"同时要求李范五、杨易辰、陈雷分工负责，深入油田，对于大会战中需要解决的问题，凡是能够解决的就地拍板解决，不能解决的也要积极设法解决，要确保会战的顺利进行。在会战前的一周内，省委又召开了两次常委会，专门讨论研究了会战的准备工作。为加强支援，省委于1960年2月下旬，成立了支援石油开发工作领导小组。省委常务书记强晓初为组长；省委常委、副省长陈雷，副省长陈剑飞，哈尔滨市委第二书记、市长吕其恩，嫩江地委第二书记、专员于杰等为副组长；有关厅局主要负责人参加，具体负责领导支援开发工作。在常委会议上，欧阳钦同志明确指出，领导小组要作为支援大庆石油工业基地建设的政治部和后勤部。按欧阳钦同志的要求，强晓初同志立即派小组成员、省委组织部副部长曲常川带领工作组亲赴油田了解情况，协助工作。特别是3月8日，省委派陈雷去北京参加薄一波副总理主持召开的支援松辽石油会战座谈会。陈雷两次去石油工业部同余秋里部长、康世恩副部长商议后，向国家请求解决不利于石油工业发展的问题。各部委都积极解决问题，如修筑大赉铁路专用线，扩建安达火车站、萨尔图火车站，建设炼油厂、发电厂，以及运输车辆和会战所需物资等项目全部予以落实。为了加强就地支援，省委常委会决定，并报中共中央批准，撤销安达县，成立安达市。5月3日，省委组建了市委、市人委的领导班子，配齐了领导干部，就地组织支援。为方便油田开发，省委将原安达县和所有勘探区域全部划归安达市管辖。

在会战前，省委对预料到的影响大会战进行的各种问题，都逐一进行了

---

① 1960年2月，大庆石油大会战正式开始。欧阳钦主持召开了省委常委扩大会议，讨论研究支援石油会战的问题，做出了"全力以赴，全面支援，统筹兼顾，全面安排"的决议，成立了以省委常务书记强晓初为组长的"支援石油会战领导小组"。欧阳钦说："这个机构就是石油会战的后勤部，我来给余秋里当这个后勤部的政委。"他调兵遣将，与余秋里、康世恩等石油会战的领导保持沟通，征求意见，他说："石油、黑龙江是一家，凡是黑龙江能解决的，就地拍板解决，不能解决的也要想办法解决，省里的决心就是保证大会战的顺利进行。"详见《欧阳钦画传》P134。

解决。没有路，千军万马的石油队伍和大量物资将无法到达现场。1959年10月，省委指示抢修了安达到大同矿区的公路，并在会战前夕，组建了大庆石油会战公路建设指挥部，总指挥是省交通厅党组书记、副厅长陈法平，副总指挥是公路局局长刘华。铁路局每天将两至三列车沙石从五常、尚志、阿城运往大庆，组织了两万多人的筑路大军，起早贪黑地抢修了公路。为了完成大会战繁重的建设任务，省委于1960年3月1日批准省建委党组的报告，组建了三个工程处，承担会战中的各项施工任务。

1960年4月29日，在会战誓师大会上，首先由余秋里部长做了动员报告；接着，省委支援会战领导小组成员、省委组织部副部长曲常川讲话，要求油区附近和油区内的各级党委、人委，工农商学兵，农林牧副渔及各行各业都要全力以赴，为早日拿下大油田做好后勤保障工作。随后各探区和人民公社、商业服务部门向大会报捷献礼，人们捧着捷报，抬着模型、标语，拥向主席台，群情激昂，欢欣鼓舞。

确定了"全力以赴，全力支援"的方针

1960年4月29日，战区召开庆"五一"万人誓师大会

省委、省人委在加强对大会战领导的同时，也及时解决了影响大会战的一些实际问题。会战职工的第一个困难是粮食不足，工人光靠30斤定量是不够的。而20世纪60年代的粮食、棉布实行国家统购统销。当时省里的粮食也十分紧张，虽然黑龙江是产粮大省，但自留的粮食却很少，人民也吃不饱。省人委的主管领导对于解决粮食问题也很为难，后经常委会讨论决定予以解决，并责成省委书记、副省长杨易辰负责落实。杨易辰找到粮食部门的领导说："粮食紧张省委知道，但就全国而言，石油系统更缺。宁可我们自己挨饿，也得解决会战大军的吃饭问题。"他果断决定，粮食厅在计划外每月调拨给大庆15万斤粮食。特别是1961年初，由于营养不足，加之劳动强度大，大庆6000多名职工患了浮肿病。可当时省内粮食的供应已突破了"危险线"，别的县也有人患了浮肿病，安达市的浮肿病人就有9000多人。对此，省委还是顾全大局，决定再拨给石油职工每人每月3斤大豆，以补充营养，增强体力。

石油会战与铁路系统同向同行

口述人：陈庆金，1935年11月出生于山东省郓城县。1956年10月加入中国共产党。1958年3月任安达铁路线路党总支委员，后任哈尔滨铁路局肇东车务段段长。1995年退休。

时 间：2015年12月27日

陈庆金

油田刚开始开发，什么设施都没有，甚至连房子都是安达县里给租的，开会没有场地也得找我们。我们安达地区有个铁路俱乐部，是建设中东铁路时期的附带建筑，这个设施很好。他们开会的时候，基本上都是通过市里打招呼找我们，大多数都是我给安排场地。礼拜六要是在这里组织个晚会什么的，我们千方百计地配合他们。我们午后有时候有电影，那阵儿看电影一毛五分钱一张票，内部职工不要钱。石油会战的人如要使用场地，我们就把电影停播了，那可不是一天两天。在很漫长的时间里，我们和他们处得很融洽。

1960年6月份的一天，石油部党组要前往萨尔图召开一个紧急会议还是要处理一件什么急事，他们就找到我们。我心想，那怎么办呢？火车是走钟点儿的，你们现在去，没有车我们也没有招儿啊！石油部党组急得直转圈子，要上萨尔图，却去不了。这个时候政府办公室主任说，这全都是石油部党组成员去开党组会。党组成员中有余秋里、康世恩，还有唐克，还有一个姓周的同志。后来我一想，怎么办呢？当时安达到萨尔图有一趟运送牛奶的列车，把牛奶从萨尔图运到安达乳品厂来加工成奶制品，每天跑一趟。我一想，这

个运奶的单车可能是回来了，我一打听，这个车果然是回来了！当时安达县与萨尔图之间也没有公路，汽车也不通，火车也没有，真是不行！

一想到这个办法，我就找到开火车的司机，他叫王玉林。我说："王大车！市里和石油的人要到萨尔图去开一个紧急的现场会议，要马上去，没有车啊！你辛苦辛苦再跑一趟？"那个王玉林人挺好，他说："那要是不行，我就跑一趟呗！"火车司机当时就同意了！当时往萨尔图那边去归齐齐哈尔铁路局管理，我们安达这一块儿归哈尔滨局管理，我们又和齐齐哈尔铁路局的调度请示。走火车线儿，不像走公路，可以不打招呼就走。最后，就这么一个运奶的火车头挂着一节运奶的车厢，哈哈哈……我告诉他们说："妥了，你们过来吧！"

那车厢里面有运奶的奶桶，洒落下的奶滴干结成了奶渍，还有味道。虽然那时人穿得也不是太好吧，但是也没有地方坐呀！我又组织人在货场里找了一些草包放在车里面垫上，把他们送到了萨尔图。当时石油部的那些人都是党组成员，他们都说这个方法太好了！像这样的事儿我们也得急人所急。对他们来讲，也觉着是"破天荒"了，就一个火车头挂着一节闷罐车把他们送到了萨尔图！我们确实是为了石油会战，真的是做到了全力以赴，真的是想尽了办法。

还有一次，也是一个很急的事儿。安达市里面接到北京来的通知，然后通知我们说，余秋里部长要回北京去开会。当时不像现在有直通车，坐上直通车就走了。怎么办呢？巧的是有一列安达站开往哈尔滨站的小客车，一个小短途近郊车。我们一考虑：实在不行，就让余部长坐近郊车吧。余部长说有车就行，到哈尔滨能换上车就可以。在时间上，我们一算完全可以。但部长出门，我们那列小客车都是硬座，条件根本谈不上。于是，我们组织了客运人员，告诉他们有领导要乘坐他们的车去往北京，重点照顾一下。然后我们就配合他们进行整备，洗呀、擦呀、刷呀，搞得非常好。那阵儿也没有像现在有贵宾室什么的，我们就在车站行李房前搁了几个凳子，让部长还有送他的人连等车带说话，最后把他们送到了小客车上。余秋里一看车上专门为

铁路部门协助从列车上卸下石油物资设备

他整备得非常好，就特别高兴。我们在这些方面都是力所能及做到最好！作为铁路人来讲，无论是人还是货，都是重中之重。

参加大庆石油会战的人，半年之内到达了4万多，后来又来了1万多的家属。每天安达车站从火车上走下来1000~1500人。参加会战的人都是从全国各地来的，人们出门时都有点顾忌，一步一步地也都有不少为难事儿。所以，我们就教育职工，在旅客下车、出站、引导等事项上都要绝对地保证安全，到达的行李还有其他东西都得妥善地保管，仓库放不下就用篷布先苫上，以做到安全可靠，做到人到货物也随着人到。在这些细节问题上，如果有一个人出了点事，不管是摊到哪个方面的，都是损失，都有影响。所以，在这么多的人员到来的情况下，我们做到了万无一失，做到了"不错、不漏、

不伤，更不死"。作为我们铁路人来讲，也是尽了最大的努力。干部呢，那个时候虽然少，但也重点采取了蹲点、跟班措施，以提高服务的质量。所以，石油会战与铁路是紧密相连的。从油田开发直到今天，安达与油田应该是共同发展的，都为国家做出了应有的贡献。

我们当时为什么要这么投入、这么积极地与石油并肩作战呢？当时省委有一个方针，这个方针叫"全力以赴、全力支援、统筹兼顾、全面安排"。安达市里头也非常重视，抓得很紧。铁路局每天在运输会上说："把安达的'事儿'看住了！"还说："安达如果一天压100多列车，全铁路局的火车都让安达用了，都变成死车了！"我们天天净挨批评，我们那个电话会议，大部分都是我顶着。说实话，都有点儿不愿意……净挨批评！所以当时我们感觉压力很大。

我感觉那一个阶段是很艰难的。我们当时属于哈尔滨铁路局，而距安达站仅10公里的卧里屯站以西属于齐齐哈尔铁路局，也称齐齐哈尔铁路分局。因为两个铁路局在安达站分界，安达车站很受"夹板子"气。一个分界站，齐局一个说法，哈局一个说法，两个铁路局说法不一，你说怎么办？我们在中间很难协调这件事，矛盾也是很大。所以到了1960年10月1日，铁道部决定把安达站划转给齐齐哈尔铁路局[①]。在那个时期，我总觉着支撑我们努力工作的主要是精神层面的东西，主要是个人的思想意识。

1960年5月以后，大部分会战的力量要从安达转移到萨尔图去。因为1960年3月份，当时的红色草原牧场所在地也就是当时的萨尔图发现了更大的油田。开始曾预测说是在肇州有1亿吨的储量，可后来在萨尔图红色草原这一块油田储量是6亿5千万吨。因此，勘探开发的重心，也就由大同陆续地转到了萨尔图。

---

① 铁路部门，为保会战有求必应，一路绿灯。有一次，为了运一个急需大件，拆移了铁路沿线100多座信号机和40多组道岔。作为人员、货物集散地的离大庆最近的安达站归哈尔滨铁路局管辖，可大庆却归齐齐哈尔铁路局管辖，一点儿小事也得惊动两个铁路局，极为不便。黑龙江省给铁道部打报告，请求把安达站划归齐齐哈尔铁路局。只用3天时间就得到批复，可见效率之高。详见《会战是怎样打赢的？》P103～P104。

为什么萨尔图渐渐地成为中心，就是因为它这个地方油气的储量特别大。转移了以后，带来的问题也很大，人与设备需要往那边转，但是拿铁路运输来讲，与安达站邻近的卧里屯站就两条道岔，根本不能装卸，龙凤站也是这样。我当时在安达线路党总支还分管农业，"龙凤农场"是安达铁路的农场，我经常上那个农场去。除此之外，龙凤站什么也没有，根本无法进行货物的运输与装卸。萨尔图站有四条道岔，其中三条道岔是接发列车的，不允许装卸，这样就只剩一条道岔，而且很短。当时的让胡路一条道岔也没有，那是个"乘降所"，车要是停的话，你就上下，不是个车站。事儿转过去了，设备什么的东西还都不行，有些外来的物资仍然要运到安达站。如果萨尔图紧急需要，就上安达货场来挑选，然后再转运过去，安达似乎又成了中转站了。这个过程一直延续了好长时间，所以萨尔图站是伴随着石油的开发而发展起来的。

我着力解决会战工人的衣食住问题

口述人：王仁，1929年5月9日出生于黑龙江省安达县（今黑龙江省安达市），中共党员。1960年5月，担任安达市政府办公室副主任，其间一直全力支援大庆石油会战。1962年获安达市"支援石油模范个人"荣誉称号。以绥化市行政公署副秘书长、办公室副主任职务退休。

时　间：2014年8月22日

当时，萨尔图区委书记张庆文原来是农垦红色草原书记、安达市委副书记，后调到这儿当区委书记。刘长林是副市长兼萨尔图区长。随后，我们又在萨尔图区成立了支援办公室，就地组织粮食、财贸物资，就近支援会战队伍，会战队伍在哪里就服务到哪里。但当时石油物资奇缺，那么一个小镇去了四五万人，谁能供应上啊！我记得有一次余秋里部长从大同回来，要检查车站的物资供应和存放情况。我和市长陪同余部长沿着安达火车站从南走到北，结果余部长越看越生气，把我们骂了一通。为什么呢？当时煤啊、木头啊，这些货物一层压一层。我们市长解释说："余部长，你看我们这是小城，火车就这么放，我们也管不了，物资能不压吗？另外，火车站也没那么些人啊！"后来仔细一检查，鸡蛋都在煤上面，还有做饭的锅，都在车皮上压着呢，运不出去。余部长命令我们必须组织人调查这两个火车站的积压物资情况，看看到底是哪个环节出了问题。结果发现，这些物资就是没人卸，人手不够用。在这种情况下，省里从哈尔滨调拨了350人到萨尔图和安达，专门配合物资的运卸工作，情况这才得到缓解。不过车皮上的物资损失也还是很惊人啊！长期在车上压着，风吹雨淋的，好多东西都已经不能用了。另外，还要考虑运输的问题，这么大量的物资靠人力运，怎么可能供应上啊！虽然毛驴车、手推车和人力车每天在大街上随处可见，成车成车地拉物资，但还是供应不上几万人的衣食住行。

后来市里头就着重抓大头，从大局着眼解决问题。比如说，在石油集中开采的地方，工人要是超过了500人，就允许自己设一个粮店、一个蔬菜店、一个邮电所。除此之外，市里头还重点抓种菜，扩大郊区原有的蔬菜种植面积，用来种黄豆。那时候种黄豆，吃黄豆芽就当蔬菜了。就这样，一边组织公社种菜，一边组织调运物资，真是忙得脚打后脑勺。后来，为了更好地解决口粮问题，康副部长组织在北安建了农场，工人们的生活才不那么艰苦了。

在牧场开垦荒地的时候也起过风波，牧场的工人不同意开垦，石油工人就硬开垦，双方就闹矛盾了[①]。我记得有一次，牧场的保卫处处长叫上我一起去康副部长那里。康副部长知道了闹矛盾这个事，就让我俩回去调查清楚情况。等情况调查完了需要汇报的时候，那个保卫处处长说啥也不汇报，怕挨骂啊！我当时想，他不敢说，那我得说啊，总得有人解决问题啊。其实我也害怕挨骂，跟那么大的干部汇报，而且还是这么棘手的工作，我心里也没底啊！当时办公室秘书赵桂兰，还给我出主意，说康副部长的抽屉里一般都放糖，他要是骂你，你就翻开抽屉吃他的糖，要不你够呛能抗住他骂。后来，我还是硬着头皮进去汇报了，实话实说，承认错误呗。最后我说："康副部长，

[①] 大庆地面有一部分是草原，生长着富含蛋白质的优良牧草。早在东北解放以后，就按照陈云同志指示建立了几处牧场。新中国成立后又组合在一起，成立了红色草原牧场，这个牧场面积达136万亩（1亩约等于666.67平方米），养牛6万多头，还有大批优质羊和良种军马，是我国畜牧和奶制品的主要基地。可是油田开发建设和为保证生活不得不开荒种地以后，草原遭到破坏，"牛"和"油"产生了矛盾。牧民和油田单位发生争执，多次发生牧民躺在拖拉机前阻止作业事件，甚至扒掉建在草原上的小炼厂。为此，省委多次开会研究、协商，确定了"地上服从地下""宁可牺牲牛，也要确保油"的方针，最后决定把本地细毛羊、黑白花奶牛、龙江马等优良畜种和在油田上的牧场迁往赵光、查哈阳等地，让"牛"为"油"让路。为此红色草原牧场减少土地45万多亩，从而导致奶牛减少53%，马减少7.89%，造成了较大的经济损失。详见《大庆石油会战》P64～P66。

会战初期,石油工人们在大庆萨尔图火车站卸运物资

这事都怨我们石油工人。"康副部长这时候急了,说:"国家有规定,咱们该请示的得请示,等着国家批示,批文没下来就这么干,那能行吗?工人和农民能不闹矛盾吗?简直胡闹!"说完康副部长就生气走了,我这心啊,跳得老快了,真害怕啊。就这一次,给我印象最深,回头想想还是很感谢康副部长,骂归骂,但他给我们的方向还是很清晰的,跟着他干工作的确有进步。

除了吃饭问题,过冬住宿也是一大难题,这个事主要是交给郝文学协调的。经过研究,会战工委决定盖干打垒(用土做原料修筑的房子),然而缺少木材是最大的难题。郝文学就领着人到省里头去找林业厅厅长张士军,经过多次协调求助,最后在伊春那儿伐了些木头运到萨尔图,算是解决了大问题。随后,刘长林市长组织工程处的人来搞干打垒,一共建了30万平方米的干打垒,解决了工人过冬住宿问题。

还有一次，从南方来了一大批石油工人，大约1000多人，陆续来到安达，那时候已经是深秋了，上冻了。第一天得到的消息，说是第二天下午就到安达火车站了。这没有御寒的衣服怎么行啊！康副部长知道以后，半夜就让通信员找我，跟我说："明天下午南方来的1000多名工人就到安达了，他们没有御寒衣服，你给准备1000套衣服吧。"接到这个任务，我赶紧和百货公司的人联系筹备御寒衣服。当时也没有那么多钱，就跟人家商量过后再付款。也是凭着这么多年的交情和信誉吧，人家才同意让我签字办了手续。这边准备衣服，那边就准备车。1000多套衣服运了好几车，第二天中午12点全都运到安达火车站了。那天特别冷，南方来的火车下午4点到站。工人们一下车就人手一件御寒衣服，全穿上了。这下康副部长可高兴了，拍着我的肩膀表扬我，乐得嘴都合不拢了。

学习了"两论"搞生产

口述人：朱鼎科，1937年12月出生于山东省福山县。1962年7月加入中国共产党。1955年考入北京石油地质学校，1958年在校期间以实习员身份参加"川中会战"，1959年5月从学校毕业后分配到松辽石油勘探局石油大队32118钻井队工作。历任技术员、钻井指挥部秘书、会战工委政治部办公室副主任、大庆市政府秘书长、大庆油田化学助剂厂党委书记等职。大庆市第二、三、四届人大代表。1998年8月退休。

时　间：2014年7月8日

我觉得必须要讲的是"两论"起家。大庆石油会战是靠着"两论"起家、"两分法"前进的。"两论"起家是怎么回事呢？这里还有一段故事，那是在1959年年底，周恩来总理视察黑龙江省的时候，在哈尔滨见到了余秋里，那时候大庆石油会战还没有正式开始。

周总理在哈尔滨的东北经济协作会议期间，接见了余秋里，他说："这次会战是一场大仗、恶仗，将会遇到种种风浪、重重困难，要用毛泽东思想指导大会战，要用辩证唯物主义的立场、观点、方法分析和解决会战中可能遇到的各种问题。"周总理的提醒和指示非常关键。于是，通过认真地讨论，1960年4月10日，石油部党组和会战领导小组以石油部机关党委的名义，作出了《关于学习毛泽东同志所著〈实践论〉和〈矛盾论〉的决定》，要求并号召广大职工用这两本著作的立场、观点、方法来武装头脑，提高工作的自觉

会战职工围坐在篝火旁学"两论"

性，指导大会战的全面工作。①

学习"两论"的决定做出后，立即得到了广大干部职工的拥护，在全油田很快掀起了一个学习"两论"的热潮。一开始没有那么多的书，就到安达县新华书店去买。县里的书店，毛主席的著作卖光了，又派人到哈尔滨、北京去买《实践论》和《矛盾论》的单行本。石油部机关还从北京买了几万册单行本，派专人坐飞机送到哈尔滨，再运到会战区，发到干部职工手中，人手一套。干部读，技术人员读，工人也读。许多职工把毛主席著作带在身上，

---

① 石油工业部机关党委在1960年4月10日作出的《关于学习毛泽东同志所著〈实践论〉和〈矛盾论〉的决定》指出："在会战中，把别人的经验都学到手，但又不迷信别人的经验，不迷信书本，我们要勇于实践，发扬敢想、敢说、敢干的风格，创出自己的经验。同时，我们在实践中要想不迷失方向，就要掌握马列主义的理论武器，把实践经验上升到理论，包括正确认识油田规律，使我们的实践具有更大的自觉性。"根据这一决定精神，广大会战职工认真学习"两论"，努力掌握马克思主义哲学这一认识世界、改造世界的强大思想武器，努力清除唯心论和形而上学的思想影响，逐步地认识到大庆油田的具体实际和油田开发建设的规律，比较好地解决了会战工作中的一系列问题。详见《大庆油田企业文化辞典（60年）》P167。

放在枕边，有时间就读一段，在站台上、工地上、车间和宿舍里，到处都可以看到工人们学习的场景。队队学、班班学，大家白天学，晚上也学，还出现了篝火旁学"两论"的动人景象，这一点儿都不假。当时，由于技术干部、大中专学生文化水平高，所以就由他们领着文化水平相对较低的工人学，他们就成了"两论"学习的辅导员，成了骨干。

学"两论"解决了什么问题呢？我个人觉得，用"两论"的思想武装职工，抓主要矛盾和矛盾的主要方面。矛盾是普遍存在的，但必有主要矛盾，主要矛盾还有主要方面。我认为，学"两论"主要是发挥矛盾主要方面的作用，主要方面是人与自然的矛盾，是油田客观存在的。矛盾是普遍存在的，大庆石油会战方方面面都存在矛盾，吃、住、用都存在各种各样的困难。所以在这个时候，铁人讲的最具有代表性，他通过学习"两论"认识到："这困难、那困难，国家缺油是最大的困难；这矛盾、那矛盾，国家没有油是最主要的矛盾。"国家缺油是主要矛盾，这不仅是铁人一个人的认识，更是广大职工的共识，这样的认识增强了广大职工参战的主动性和积极性，抓住了主要矛盾，有利于充分发挥主观能动性，增强大会战的气势和动力。所以，在当时的那种会战背景下，缺少吊车怎么办？人拉肩扛卸钻机、搬运钻机、拉钻机，不等不靠，争分夺秒，这不就是主动性嘛！开钻没有水怎么办？破冰端水保开钻，把冰泡子里的冰刨开，拉回来，融化开，倒在泥浆里头，这不也是积极性、主动性的另一表现嘛！至于铁人跳进泥浆池压井喷，用身体搅拌泥浆，那就更是了！这几个事例，充分说明了参战职工的自觉性、主动性，不怕任何艰难困苦。"有条件要上，没有条件创造条件也要上"，这又是铁人的铮铮誓言。

通过学习"两论"，广大职工的头脑武装起来了，积极性调动起来了。所以我觉得，"学两论"对于大庆石油会战起到了非常大的作用，这是最主要的一个方面。那会儿我还在钻井队呢，广大会战职工的爱国之情都是发自肺腑的，困难再大，也要克服，尽快地拿下大油田，摘掉我们"石油落后"的帽子。"石油工人一声吼，地球也要抖三抖"，那不是铁人一个人的"一声吼"，而是广大会战职工的心声。

  我最早是在32118队打松基三井，后来被调到3237队当地质技术员了。我在这个队打了3口井以后，又被调到大队去了。当时我们在3237队先打的喇95井，然后又打的喇73井和喇83井。在打喇83井的时候，发生了井喷，喷得井架子连钻机都掉下去了，到现在还埋着呢。大庆一共埋了三部井架，打喷了以后井架就掉下去了，但是井位底下肯定有油。简单地说，就是通过学"两论"，我们认清了形势，抓住了主要矛盾，激发了斗志，激发了广大职工为拿下大油田拼命大干的豪情。这种豪情很难得，我就觉得几十年过去了，现在人们很难有那种精神状态了。那时候，就是个激情燃烧的年代。所以说是通过学习"两论"，激发了大家的积极性，这是学习"两论"起到的一个作用。

赵大娘喊出"铁人"的名字

口述人：许万明，1941年出生于甘肃省武威市。1966年5月加入中国共产党。1958年10月在玉门油田参加工作，1960年3月跟随铁人王进喜参加大庆石油会战，在1205钻井队当过钻工、司钻。1998年3月退休后，多年来坚持宣讲铁人事迹，影响广泛。2015年被授予中国石油"优秀共产党员"光荣称号。

时　间：2014年6月10日

　　打第一口井的时候，我们的老队长王进喜才有了"铁人"的名字。为啥叫"铁人"呢？当时我们的王队长住在村民赵大娘家里。打第一口井时，队长连日不回来住，赵大娘问我们井队的人："你们这个王队长咋这么长时间不回家呢？"有一天，赵大娘说她要去井上看看，一方面她要看看王队长，另一方面她也想看看这个井是怎么打的。那天，赵大娘蒸了馒头，又整了点儿菜，装在两个大碗里，挎着篮子上井队来了。王队长看到赵大娘来了，告诉我："小鬼，老太太来了，赶快让她从后面走，前面不安全，把她给我领过来。"我跑到赵大娘跟前说："大娘，从后面走，这前面危险呐。"我领着她到队长身边。赵大娘看到王队长说："我给你带点饭来。"然后又埋怨他说："你吃饭，大伙儿可以给你带来吃，你睡觉谁给你带呀，睡觉怎么办呀？"王队长指着铺在井上的羊皮大衣说："你看，就在这上面睡呀。"赵大娘看了看说："你这样子能行吗？你真是个铁人哪！"这就是赵大娘在第一口井上喊出"铁人"的情景。从这以后，就开始有人叫我们队长"铁人"了。

王进喜和赵大娘一家

这时,队长看着赵大娘拿来的东西,和我说:"小鬼,大娘拿来馒头了,你尝一尝,吃一点儿吧。"我说:"这是人家给你拿的,我不敢吃。"队长有点儿生气了,说:"小鬼,叫你吃你就吃,有什么不敢的!"但我还是不敢吃。后来,赵大娘把馒头拿给我,又拿给其他人,大伙儿都吃了一点儿。

那个时候,这个第一口井打了五天多,我们的队长就在井上待了五天五夜。当时我还劝过他:"队长,你回家歇歇去吧。"队长说:"不行啊,井上一是没有地质预告,二是要有人看柴油机,三是人员不够,这些都需要我,我都得总结呀,不总结出来,下一口井怎么整,别的井队上来怎么办?"队长整天在井上,时刻都在掌握钻头是什么声音,柴油机是什么声音,司钻放多大压力,这些都需要他总结经验。所以,老队长就一直在井上盯着。有时,我们有啥事找他去,看到他躺在羊皮袄上,以为他睡着了呢,其实他一点儿都没睡,马上就问我们:"有啥事,说!"有时我们说:"看你睡觉呢,不敢和你

赵大娘喊出『铁人』的名字

043

说。"队长大声说："说！怎么不敢说，我干啥来了，我就是在这里总结经验来了！"我们的老队长，时刻都在注意着井上的情况。

第一口井打到1200多米就出油了，出油的时候是晚上，当时铁人老队长高兴地说："哎呀，出油了，玉门人委托我们的事完成了，我们能给玉门人有个好交代了。"我们真是高兴啊，不是一般的高兴啊。记得出油时，会战工委的领导来了，向我们表示祝贺。

刚才说到"铁人"这个称呼是怎么来的，其实在这之前，我们是不敢叫老队长"铁人"的，感觉叫"铁人"好像骂人似的，王队长自己也这样想，没有人敢在他跟前叫他"铁人"。我们队里有一个叫何珍贵的，他脸上有麻子，是部队转业来的，有一次他叫了"铁人"，忘了是因为什么事，他问我们队长："你这个'铁人'是咋回事？"队长很生气："哎，你这个麻子，别人不敢叫，你还敢叫？"何珍贵很能吃饭，队长说："给他少吃点儿，他骂人呢！"看到队长这样不愿让人叫他"铁人"，我们也就更不敢叫他"铁人"了。正是到了1960年的4月29日那天，会战工委召开了万人誓师大会，才正式把"铁人"的名字叫响。领导都叫他"铁人"，慢慢地，我们也就跟着叫了，老队长也就接受了。

4月29日开誓师大会那天，我们队里留下了一个班，剩下的都去参加大会。会场上搭了一个台子，好像是用席子搭的，参加大会的主要是井队的人，后勤的也有。主席台上有石油部的余秋里、康世恩，还有会战工委的领导。宣布开会时，先是说表彰什么英雄。我记得，好像会场附近有老百姓的赛马会，有人去那里牵来几匹马，然后宣布谁谁给1205队的王进喜牵马，我们1205队的人跟在大马后边。记得是张云清给我们王队长牵的马，我们就那样跟着马，在会场上转了一圈。转完了，就开大会了，说王进喜是"铁人"，是老百姓叫出来的，号召大家要学习铁人王进喜，所以就在这个誓师大会上，

"铁人"的名字更响亮了①。

我们从大会上回来以后,还要讨论,我们队里人说:"1205队出了'铁人',这么高的荣誉,还不让我们叫'铁人'吗?"老队长不出声了,也不生我们的气了。在座谈会上,大家都纷纷表示以后怎么干,怎么尽快地把大油田拿下来,每一个人都写了决心书。还记得我当时的决心书是这样写的:"我决心当好一名钻工,为多打井、打好井而战,听队长的话,听戴师傅的话。因为我没有媳妇、没有娘,干啥啥不怕。"我这决心书里说的戴师傅,叫戴祝文,是我们队的司钻,也是我的师傅。大家写完决心书,就开始打2589号井了,也就是我们队打的第二口井。

---

① 1960年4月9日,石油工业部部长余秋里在油田技术座谈会上首先提出向王铁人学习。同年4月29日,战区召开誓师大会,铁人王进喜作为战区第一名先进典型,骑着高头大马,被职工送进会场,拥上主席台,余秋里带头高呼"向铁人学习,人人争做铁人"的口号。从此,"学铁人、做铁人"活动广泛开展起来。广大职工学习他立志改变祖国石油工业落后面貌的雄心壮志,学习他"宁肯少活二十年,拼命也要拿下大油田"的献身精神和"有条件要上,没有条件创造条件也要上"的创业精神。"学铁人、做铁人"活动极大地激发了工作热情,坚定了克服困难的信心,对高速度、高水平拿下大油田发挥了重要作用。详见《大庆油田企业文化辞典(60年)》P152。

王铁人是"大干快上"的先锋战士

口述人： 周占鳌，1936年出生于甘肃省酒泉县（今甘肃省酒泉市）。1959年7月加入中国共产党。1953年在玉门油田参加工作，1959年由玉门油矿到大庆参加石油会战，历任小队长、副中队长、油建公司党委副书记、工会主席，大庆市委副书记、人大常委会副主任，黑龙江省质量协会副理事长、总工会副主席，全国质量协会副理事长等职。1974年被大庆市党委授予"最讲认真的人"称号。1978年、1983年分别当选第五届、第六届全国人大常委会委员。

时　　间： 2015年6月1日

周占鳌

扫码收听会战故事

到大庆后第一是非常高兴，简直掉到大油海里了！正因为如此，才要拼命拿下大油田，为祖国争光，为人民争气。第二是学习王铁人。王铁人来了以后，先问了"井架到了没有？井位在哪里？这儿的钻井进尺纪录是多少？"这三句话。井架到了以后，没有吊车，没有拖拉机，怎么办呢？就发扬人拉肩扛的精神。他说："有条件要上，没条件创造条件也要上；宁肯少活二十年，拼命也要拿下大油田！"王铁人有这么大的革命干劲啊！井架运到井场，竖起来，开钻。但没有水，就挖了三口土井，可是没有出水，怎么办？就用脸盆到水泡子里端水，王铁人领着大家一块儿干，他自己也背东西，这是没有先例的。他是我们建设大庆、发展大庆的开路先锋，是我们的领头人，是"大干快上"的开路先锋。

有一次，井喷了，需要用泥浆压井。井喷能把钢铁冲断，能把钻杆齐刷刷地折断，井喷事故持续的时间长了，甚至会造成井毁人亡。这次井喷，王铁人所在的井场上，水泥已经倒到大池子里了，可是没有搅拌机，搅不开。他就亲身跳到泥浆池子里，当时他的腿还受伤了，一拐一拐的。泥浆池里的泥浆液是"烧人"的，可是为了国家的财产不受损失，王铁人一点儿也不在乎，好几个人也跟着跳下去，硬是把这个井压住了①。还有在井场搬家方面，他觉得井架搬家的速度慢，先卸下来，拉运过去，再装起来，起码得一个礼拜。他就想了个办法，用八台拖拉机整体拖，几百米两个小时就拉到了，当天搬家当天就开钻。他说："日上千，月上万，一年打它十五万。"他总是把一些事情想到前头，所以他的思想也是先进的。

他为了多打井、快打井，发扬科学精神，革新了钻头。原来那个钻头是三角的，经他革新改成了刮刀的。他经常研究钻头怎么才能钻得快、钻得好。原来打上二百米、五百米就得换一个钻头，现在一个钻头就能打一口井，这速度不就提高了嘛。铁人有高度的责任心，他工作认真负责。有一次，铁人把井打斜了，他报告给了指挥部。既然打斜了，就要填掉重打，指挥部就批准了。光填掉还不行，王铁人还在会上做了检查："我没有高标准严要求，把井打斜了，填掉，重新打！"这说明王铁人把"三老四严"②贯彻落实到了行动上，落实到了岗位上。所以我们要学习王铁人，学他多打井、快打井、打好井的工作态度，我们就要做到多装井、快装井、装好井，采油上就要做到

---

① 队长的行动就是号召！王队长跳下去了！紧跟着司钻戴祝文，还有几名工人也跳进泥浆池。大家奋力划动搅拌，上水管线通畅了，泥浆比重升高了，用水泥、黄土配制的高比重泥浆经过两台高压大泵的强力抽压，通过循环管线和钻杆强力注入地下。经过整整3个小时的紧张搏斗，井喷被制服了。当大家把王进喜从泥浆里拉上来时，他全身多处被碱性很强的泥浆烧伤，右腿的伤口已经血肉模糊。王进喜以实际行动践行了"宁肯少活20年，拼命也要拿下大油田"的豪迈誓言。详见《百年铁人史话》P117。

② 1964年2月20日，采油三矿四队在石油工业部召开的全国油田电话会议上介绍了经验。大庆工委做出了向采油三矿四队学习的决定。全油田迅速掀起了"学三矿四队、赶三矿四队、超三矿四队"的群众运动。同年5月，石油工业部召开了第一次政治工作会议，大庆油田把三矿四队在实际工作中形成的典型做法和创造的先进经验进行了系统总结，最后概括为"三老四严"革命作风。同年，这一优良作风被写入《石油工业部工作条例》，成为整个石油工业系统的行业标准。详见《回忆康世恩》P462。

1963年，周占鳌和队友们发扬人拉肩扛的精神在泥水中施工

多出油、快出油、出好油。

他不光关心生产，对孩子也特别关心。当时我们大庆没有学校，王铁人就请求领导，要盖个学校，组织这些会战职工的孩子上学，让他们有人管。领导说："会战这么紧张，怎么办呢？"王铁人说："只要你给令，我们自己建，人你不要管了。"他就在他们那个地方，组织职工、家属，还有倒班的工人盖干打垒。白天他们垒，晚上组织下班的职工再垒，一共垒了三栋大房子。那里有七八十个小孩子，原来他们都乱跑，在马路上跑，多不安全啊。房子盖好了，里面没有桌子、凳子，就用土砌。孩子们坐在土凳子上比较凉，怎么办呢？就发动家属做个小垫子，让孩子坐上面。

我是在"铁人精神"熏陶下成长起来的，就要学好铁人对国家高度负责的精神，把油田建设好。1960年，我们十一中队一来就接手了一个活儿，要干一条管线，解决二号院家属区用气的问题。原来烧的是原油，冬天家家门口都围了个圈。原油一烧就冒黑烟，整个萨尔图乌烟瘴气的，麻雀、鸡都是黑的，人晚上睡觉，第二天鼻子、眼睛都是黑的。为了改善广大职工的生活，天然气管线工程交给了我们十一中队。管线大概是12公里，有"129"的、"159"的，还有"114"的，有3寸①的还有2寸的，一直接到二号院，家家户户都要用上天然气。当时任务很重，要求我们六天六夜就要完成。我们十一中队组织了4个班组，展开了劳动竞赛，看哪组焊得快、焊得好。当时下达任务的时候，要求不打压不试水，一次成功。

这条管线四天四夜基本上就完工了，然后就检查。我们队长拿着放大镜检查，当时发现一条管线底下有瘤子、有砂眼，说这个焊口不合格，要割下来重新焊，并把割下来的焊口挂到食堂门口，见人就问，这个焊口合格不合格、满意不满意。大家说不满意、不合格。于是就教育大家，还总结出"宁要一个过得硬，不要九十九个过得去"，这是大家干出来的。这条管线是对十一中队的考验，看十一中队思想、作风过硬不过硬，质量全优不全优。10月1日送了气，家家户户点上火，都热起来了，家属也高兴，职工也高兴，领导也高兴。这是我们来大庆干的第一个活儿。

王铁人是"大干快上"的先锋战士

---

① 1寸约等于3.33厘米。

康部长号召技术干部向我学习

王炳诚

扫码收听会战故事

口述人：王炳诚，1928年12月出生于天津市西青区。1949年11月加入中国共产党。1951年毕业于北洋大学采矿系。1953年领导钻井队创造钻井单井进尺全国最高纪录，同年获全国特等劳动模范称号。1960年2月从新疆克拉玛依油田调入大庆参加石油会战，首创"八龙一组"生产管理模式，组织"八大技术攻关""三选"试验，为"糖葫芦"封隔器研制成功打下基础。历任石油工业部新疆石油局钻井处处长、大庆石油管理局副局长兼总工程师、渤海石油公司副总经理兼总工程师。研究并解决了克拉玛依、大庆、江汉等油田复杂地质条件下出现的许多钻井技术难题。

时　间：2014年5月21日、23日　2014年10月30日

当时新上来的井队发生了几个事故，其中一个是铁路南边玉门石油管理局的1215队。他们打的井就在国际列车通过的铁路跟前六七十米的地方，是一位老的工程师指挥的固井，由于新疆和玉门两个固井队在一块儿操作不协调，固井质量出现了问题。完成固井以后，在管外喷出了原油，且一直不停地喷。张文彬是第三探区的第一书记，他压力很大，余部长、康部长要求赶快处理。张文彬问我："小王，你能不能把这儿处理好？"我说："根据这个情况，我努力吧。"他说："限你48小时处理好。"我就带着测井车、水泥车、射孔车上去了，用测井车一测，油层都没有封固好，管外串槽了，因此得想办法把油层封固好，使油不再喷出来。我第一步是测出井喷的位置，先把井压

住不让它喷了。第二步是重新把井固定好，这样这口井变成了一口完整的好井。其实，在张文彬规定的 48 个小时内我没干成，一直干了 72 个小时，三天三夜没合眼。测井以后我们开始射孔，配上重泥浆，固井水泥车循环压井，最后把这井封好了，没影响国际列车运行。

处理完事故以后，我就回到第三探区机关工作，当时张文彬领着干部开会，我进屋以后坐下听了不到 5 分钟，我的眼睛就看不见了。什么都看不见了，像瞎了一样，头痛得抬不起来了。我马上找大夫看，大夫说是劳累过度导致的，让我赶快睡觉去，就这样我没参加上这个会议。我在床上整整睡了 24 个小时，眼睛才恢复了。这是第三探区成立以后出的第一个事故。

这之后没过一个月的时间，大约是 1960 年 4 月的时候，当时天还是挺冷的，1284 钻井队在离萨尔图火车站不到 100 米的地方打井时，又发生了井喷。这个井队的队长叫王润才。这口井又是喷气又是喷水，非常活跃，四五个小时就喷出了一个直径约 20 米的大坑，钻机马上就要倒下去了。

当时我跟第三探区机关的一个同志到了事故现场。那时也没有大拖拉机，只有一台斯大林 80 马力①的拖拉机，剩下的都是 60 马力的，拖动这个钻机需要 8 到 10 台斯大林 80 马力的拖拉机才行。眼看钻机晃晃荡荡就要倒了，安装队的工程师韩谭贻还有其他一些人才把这拖拉机和钻机挂上。钻机往前倾的时候不能拉，往后倾的时候拖拉机要一起使劲才行，一次挪半米，挪了几十次才把钻机拖到坑边上。这时井上还有钻具呢，还保持着原来处理井喷的条件，因此我们第一步是保住了这部钻机。第二步是压住这个井喷。因为它喷气，国际列车就停在萨尔图火车站西边不走了，这惊动了党中央和周总理，北京来电话让赶快处理。我组织这个钻井队选出来了 20 多人，成立了敢死队，处理这个紧急情况。井队上的设备已经不能用了，只能远距离地接到管线上，用水泥车打送泥浆，打到井里头，把天然气压住，然后再用固井的办法把它固死。这样，事故才能处理好。

---

① 马力是一种功率单位，1 公制马力约等于 0.735 千瓦。

1960年，安达三号院召开"五级三结合"技术座谈会讨论生产试验区钻井问题，站立发言者为王炳诚

处理这样的事故，最要紧的环节就是打开连接管线。由于这管子里有高压，打开连接管线有造成人身伤亡的风险，所以我们才组织了敢死队，领头的就是我和王润才。因为我是第三探区的技术负责人，得冲锋陷阵，井队上的事不能只让井队干，那样他们承担不起来。这最危险的活儿都是我们俩亲自干的，我们俩被喷得浑身上下全是泥浆，一点儿肉皮也看不见了，衣服也都是泥了。就在天然气夹杂着泥浆喷射的情况下，我们俩很快就把高压管线接上了，然后配了重泥浆用水泥车打了进去，才压住了井喷。要想彻底解决问题，光不喷了还不行，还要把水泥打下去封住才算成功。那时，国际列车已经停了一天了，一看井不喷了就赶紧开过去了。后来，康世恩副部长、张文彬都到现场来慰问我们大家。康副部长来了以后问大家："王炳诚到哪儿去了？不是在这儿处理事故吗？"他认不出我了，我当时全身都是泥。康副部长就说："王炳诚都成了泥人，都变成'泥球工程师'了。""泥球工程师"这个

称呼就是从这儿来的。他们都不说前面那段,所以都不知怎么回事。我们油田矿史馆里也有这个故事,小人书里头也有讲到。后来我们大庆油田总结说:工人身上有多少泥,干部身上就有多少泥。那时不光我一个人,干部顶在第一线的大有人在。

1960年4月初在安达铁路俱乐部召开了第一次"五级三结合"①会议。当时,王润才那个井队的井喷事故处理完了,赵大娘也叫出"铁人"了。在那次会上,会战工委表扬了各个探区,余秋里部长举拳头说:"向铁人王进喜学习。"康副部长举拳头说:"技术干部向王炳诚同志学习。"其实,那时我感觉做得远远不够,就是处理了两次事故,组织大伙儿上得快一点儿。康世恩对我还是有点儿印象的。

---

① 1960年4月9日至11日,大庆油田在安达县召开第一次"五级三结合"技术座谈会,这次座谈会确定的内容明确了油田勘探开发的对象和根本任务,在油田的开发建设中具有重要意义。所谓"五级",是指部、局、指挥部、大队、基层,"三结合"是指干部、技术人员、工人。参加会议的有部、局领导,专家教授,工程技术人员,基层干部和工人代表,共180余人。详见《大庆油田企业文化辞典(60年)》P25。

鏖战"八一"永难忘

口述人：刘加枝，1939年3月出生于安徽省肥东县。1956年参军，1959年加入中国共产党。1960年2月到大庆参加石油会战。会战期间，参加过"八一"管线、东水源、东一注水站等大型工程的建设。先后在工程指挥部三大队、油建指挥部金属厂、七大队等单位，历任小队长等职务。1993年退休。

时　间：2014年2月26日

刘加枝

扫码收听会战故事

"五一"前，来油田的人基本都分配到各个单位了。我们就像被抓小鸡一样，今天来个车拉走一批，明天来个车又拉走一批，谁拉走就是谁的。

我们这些电话兵到了工程指挥部，第二天就被拉到了"八一"管线上去了，给我定了个钳工，叫我开柴油机。当时物资匮乏，没起重机，就用这个柴油机发电。有个姓赵的师傅领着我们几个人，在现在让胡路火车站后面有个苏联人盖的绿房子那里开工了。我们这个队往喇嘛甸方向干，别的队往萨尔图方向干。当时住的条件很差，就在绿房子跟前，搭了一大片帐篷住。一个中队有一百来个人，大一点儿的中队一百五六十个人。我们刚开始时不挖土，先把大管子摆上，焊成一段一段的，焊完了再挖土。当时没有吊车，就用大撬棍撬那么粗的圆钢。

在开挖土石方的时候，从长春调来了一个师，有6000多人吧。管线从萨尔图摆到喇嘛甸，差不多有42华里[①]长。为什么叫"八一"管线呢？是因为

---

① 1华里等于0.5千米。

1960年4月，沈阳军区某部在抢修"八一输水管线"

这一个师而得名的[①]。这些管线沟都是他们用铁锹人工挖的，要挖两米来深，管线直径是426毫米。他们挖得真快啊！部队干活儿像猛虎一样，我们都羡慕啊！一天挖很长。他们都把任务包到班、包到个人。我知道军人干活儿不偷懒，听命令听指挥，一个个都特别有劲头，半个多月就把管沟挖好了，从萨尔图到喇嘛甸，那么宽的沟，还不准往两边甩土，管线在这一边，只能把土堆到另一边。那挖出来的土像山一样，真是太佩服了！后来下大雨，糟糕了，挖好的很多地方塌方了，沟里进了那么多水。我们那时也不搞管线了，就用水泵抽水，水排完以后，官兵们才能处理塌方。这时再往上甩土就甩不动了，带着水的泥太沉了，又太高了，一甩土又回来了，怎么办呢？上面安排人把土往远处倒，倒完了以后不就低了嘛，就这样处理好一段又接着干下

[①] 1960年5月，中国人民解放军八一部队，肩负着部队首长的重托和人民的希望，前来支援大庆石油会战。在会战中，他们和油田基本建设指挥部（后改为工程指挥部）三大队干部、工人团结协作，共同修建了一条大型输水管线。为了表彰人民解放军八一部队在石油会战中的模范作用和历史功绩，1960年6月6日，大会战领导小组正式做出决定，把会战以来修建的第一条大型输水管线命名为"八一输水管线"，又叫"八一管线"。并且号召油田广大职工向解放军学习，发扬英勇顽强、艰苦奋斗的光荣传统和革命作风，积极投身于会战之中，为高速度、高水平开发建设油田贡献自己的智慧和力量。详见《大庆石油会战》P344～P349。

一段。管线下到沟里，用帆布铺在管子底下，上面的人用像水桶那么大的大茶壶浇沥青，滚烫滚烫的。那时候没烧火的东西，都是青草，也烧不了，就用沥青烧。两个人拽管子下面的帆布，大概有一米五宽的帆布吧，这样就能把沥青涂到管子底下。因为管子是不能转的，只能用这个办法。这都是油漆工干的，他们"哗哗"地拽着往前走，好壮观啊！整完以后，沥青遇到凉风很快就干了。一声"开下"，另一根管子就又下去了。"八一"管线建好以后，筑起一个大坝，上面能走自行车，也能走汽车。沿着滨洲铁路线走的，位置在铁路以南大概20米远吧。

在建"八一"管线的时候，我们一开始住在让胡路，可越干离让胡路越远了，离喇嘛甸近了。所以1960年冬天，我们就准备在喇嘛甸过冬了。我们先在喇嘛甸盖了一个大礼堂，也是食堂，用角钢焊个大架子，外面用棉帐篷一盖，我们大队五六百人就在这个帐篷礼堂里开会、吃饭。在镇子的南边还盖了几十栋干打垒，都是从管线上抽来的人盖的。我们钳工班有20多人，要盖两栋。我们轮流换班去干，把墙用木板夹住，木匠用原木给我们做了把大槌，我们一天到晚地夯土，那活儿可真累！最后，要砌烟囱和火墙，土坯不行，必须用砖，用砖就得人工背！因为车进不来，砖都卸到了喇嘛甸的高家大院。我们就搞夜战，在管线上干了12个小时下班吃完饭以后，再去背砖。先把绳子放地上摆出个十字花，砖放在上边一勒，起不来时还要让人帮一把，要走四五里路，一身汗，而且是每天都背。

当时还吃不饱，建管线盖房子是两头忙，还真是挺累的。"八一"管线工程也干完了，房子也建好了，冬天也就到了。结果没住几天就走了，因为东水源的任务又下来了，离新建好的喇嘛甸驻地五六十里[①]地，太远了，只好走了。还是得住帐篷，你看我们这命！哈哈……后来那个帐篷礼堂着火了，烧得只剩下大铁架子，立在那里倒挺威武。新盖的干打垒也搬不走，就不要了，不知谁住了。

[①] 1里等于0.5千米。

置手被焊花灼伤刺痛于不顾

口述人：朱洪昌，石油会战初期"五面红旗"之一。1932年3月生于山东省掖县（今山东省莱州市）。1955年加入中国共产党。1952年参加工作，1958年被评为"甘肃省先进生产者""青年突击红旗手"。1959年10月出席了全国"群英会"。曾任石油工业部第一工程局第三公司管道建设大队副大队长。1960年3月参加大庆石油会战，历任施工小组长、工段长、副大队长。1961年任松辽石油勘探局水电指挥部水厂厂长。1964年调往石油工业部炼厂建设公司。1973年任石油工业部东北八三管道局局长。曾当选第三届、第五届全国人大代表。1960年被会战初期党的临时办事机构——石油工业部机关党委树为全战区"五面红旗"之一。

时　间：2014年5月23日

　　按设计要求，整个17.2公里的"八一"水管线要充水试压，并不断加压到20公斤。在试压过程中，要仔细查看整条管线的所有焊缝是否有夹渣、砂眼、裂口等缺陷，是否有水从这些缺陷渗漏或喷出。

　　当时，现场管线试压没有设计给定的升压泵，只好借来钻井用的往复泵代替。这种往复泵是钻井现场往井口里注入泥浆用的，压力高且不稳。我们发现，连接往复泵与管线的联络管，在往复泵一注一注地反复冲击下在颤抖，一个接合部胀裂了。如不及时抢修，将延迟列车发电站开机发电的时间，从而影响东油库的输油栈桥向油罐车开泵注油，影响到1960年6月1日的第一

朱洪昌用手指堵住从管线裂缝刺出的水柱，让焊工施焊

列车原油外运，影响连着影响，这样后续效应还真的挺多呢。

胀裂之后，就组织工人们抢修。管内放空了水，进行焊接，抢修了两天多。第二次出现事故时，我提出不能再停水放空，因为放一次水，再充一次水既耗费水又消耗时间。不停水放空，又该怎么办呢？我走到裂缝处观察，这时候往复泵已停止加压，但裂缝处还不时地有水渗出、流出。我用手一摸，发现下边的水流得小了，正好有利于施焊。我就告诉焊工："焊！"焊工说："你把手挪开一点儿，要不然太危险！"我说："你焊吧，抢时间！"焊工一试，管线带水，焊条前部还能打着火。我说："你继续焊吧！"他就焊了起来。焊花不断地飞落在我的手指和手背上，一阵阵的刺痛。这一场景，被在工地上巡视的刘少男副指挥看到了。这时，旁边有一个人在吃饭，刘副指挥一把抢过饭盒，将饭倒出，把饭盒扣在我手上，直到焊工坚持将裂缝焊完。这次抢修仅用了11个小时，没超过一天，没影响发电，这使曾任石油部第一工程局副局长的刘少男很高兴。

在"八一"水管线即将完工的时候，上级拨给我们一台挖沟机。挖沟机挖出来的沟，上下是陡直的。地表水位高的时候，总是塌方，塌方了不好整。这时候，挖沟机沿着管线走向挖着沟，我就在旁边看。我一边看一边想，挖沟机挖出来的沟壁能不能有一定的坡度、斜面儿，造成沟顶宽、沟底窄，这样，沟壁就不容易坍塌了。想到这儿，我就把这个想法跟挖沟机司机说了。挖沟机司机说："这样上顶宽、下底窄的沟没有挖过。"我说："能不能在你那挖斗的两侧加装像翅膀那样的附件，这样，挖出来的沟，就是顶宽下窄。"后来，他们按我说的做了，在挖斗的两侧加装了两块斜形的铁，再挖出的沟就是上顶宽、下底窄的了。沟壁坍塌减少了，就减少了清理坍土的劳动量。这也算是个合理化建议吧。就因为这个，我被树成标兵。第二次树标兵时，树立起"王、马、段、薛、朱"①我们五位。这五位标兵当中，我是最后一位。前面是王进喜、马德仁、段兴枝、薛国邦，他们都是队长、书记。而且当时队长、书记分别是由两个人担任。我是既当队长又兼书记（指导员）。别人都是一人一职，我是一人两职。

在修建"八一"水管线的过程中，那台拖拉机底下的履带板轧坏了，拖拉机走不了了。没有了拖拉机，管子的拖拽就成了问题。怎么办呢？得把它弄直了。可是，凉铁怎么能直过来？我找了一个喷火器，用来加热、烘烤。烤红了，再调直了它。在喷火的过程中，"嘭"的一声，爆燃了！爆燃事故是很危险的！我怕把拖拉机烧坏了，就脱下衣服扑打救火，把火扑灭了。在救火过程中，我的手、脸都被火烧坏了，起了水疱。我被送到安达市治疗。我的手啊、脸啊都涂抹上了烧伤膏，缠上了纱布。当时我说："能不能出院？"医院方面说："不行！不能出去！弄不好会出事儿，再治治吧。"待了几天，我感觉不是那么疼了，就偷着跑回来了。单位的人看见了，问："怎么样？"我说："没事儿。"我就把脸上、手上的药膏擦去了，纱布、绷带也都揭了下来。这样，烧伤的面儿，看上去就不是那么大了。后来，我在萨尔图那个东油库，就是第一列车原油剪彩外运的地方，还抢修过泄漏的输油管线。西水源开始建设的时候，就是一片草原，有少量的树。这条"八一"水管线，连通的就是东油库和西水源。后来，"八一"水管线老出问题，就把我从工程指挥部调到水电指挥部水厂，现在叫供水公司，到那儿当厂长。在水厂，工作就是保

---

① "王、马、段、薛、朱"是大庆石油会战初期涌现出来的"五面红旗"，指的是王进喜、马德仁、段兴枝、薛国邦和朱洪昌。1960年7月1日，在万人广场召开的庆祝"七一"和第一战役祝捷大会上，以王进喜为首的"五面红旗"骑着高头大马，后面有人举着写有王、马、段、薛、朱5个大字的鲜红旗帜，由所在单位的领导牵着马，进入会场，绕场一周。1960年7月28日，大庆石油会战初期党的临时办事机构——石油工业部机关党委作出《关于开展学习王、马、段、薛、朱运动的决定》。《决定》称赞他们是全战区的"五面红旗"，号召全体参战职工向他们学习。详见《余秋里回忆录》（下册）P531～P536。

障"八一"水管线能够正常运行，给油田供水。

  我就被调到水厂的时间大约是1960年年底1961年年初前后。当时，水厂还有一个水源勘探队，我负责领着他们找水源，勘探水井方位。那时候，钻水井也是很辛苦的，水井打到哪里，由解放牌汽车改装的水井钻机就出现在哪里。这种水井钻机的井架比油井钻机的井架小得多。平时，井架放在汽车上，打井时，井架就立在井位上。后来，发展得越来越好了。有时候，打出来的井，出水很少。完井时，也要往地下下管子。管壁上原来都是射孔，有些像油田上的钻油井那个样式。射孔产生的后果是地底下的泥沙都从那个孔眼进到井管里头，最后，把那些孔眼全都堵住了。为此我提出：中间这节水管，管壁上的孔眼先在地面上制作出来，然后用铜丝网或钢丝网包裹，再用铁丝将铜丝网或钢丝网拧紧拧牢，再将这节水管下到井里。这样，井管外面的泥沙再也不会进到井壁内了。这也是我们研究的一项技术。搞这项革新的机械加工车间，后来被油田树为先进标兵单位。原来打的一些水井，井管壁上的孔眼都堵得不行了，不出水。我们就将这些井管从井口里拔出，换上按新方法预制的井管，废井又变成了好井。这时候是1962年，我已经当厂长了。而最早打水井的时候，我还在修建水管线。

给首列原油外运车装车后，我睡着了

口述人：薛国邦，全国著名劳动模范，石油会战初期"五面红旗"之一。1927年出生于甘肃省酒泉县（今甘肃省酒泉市）。1954年加入中国共产党。1949年参加工作，1959年被评为全国劳动模范，出席甘肃省和全国"群英会"。1960年3月从玉门油矿调入大庆参加石油会战，历任钻工、修井工，采油指挥部副指挥、副书记、书记、队长、大队长、矿长，大庆市党委常委、总工会主席、市委副书记、市人大主任等职，是大庆油田第一个采油队队长。曾当选第六届黑龙江省人大代表。1960年被会战初期党的临时办事机构——石油工业部机关党委树为全战区"五面红旗"之一。1977年被石油工业部授予"会战初期五位著名老标兵之一"称号，1978年被评为黑龙江省劳动模范。1983年退休。2022年1月25日于大庆市家中去世，享年95岁。

薛国邦

扫码收听会战故事

时　间：2014年5月23日

我们是1960年3月11日到的大庆，从玉门一起来了7个人。到了以后，大家问当地的老百姓，搞油的人在哪儿呢，都不知道。他们说这是红色草原，是养牛、养马、养羊的地方，没有搞油的。我们找了好长时间才找到一个地方住下了，但吃饭的地方还是没有。地方的领导想了半天说，你们干脆到太2井去。当时有个太平屯，在那儿有太2井，这口井打完了，也出油了。我们就去了，没有公路，都是步行，到那儿只待了3天。勘探司司长唐克来了，

让玉门来的人连夜向北去萨尔图。大家找个车子，到萨尔图又找不着地方了，直到找到了红色草原的一个牛棚。还是那样，没地方住。领导想了半天说，萨尔图 66 井是第二口探井，出油了，你们都到那儿去吧。那个地方离萨 66 井还很远，我们就过去了。萨 66 井是萨尔图油田开发的关键井，这口井决定大庆会战的前途，因为一开始都在南面葡萄花、高台子、太平屯那边打井，虽然那面也有油，但产量少，而萨 66 井一天出八九十吨到一百多吨油呢。

我们到萨 66 井的时候，看到他们挖了一个土油池，油就往池子里淌。过了几天，康世恩打电话来，让我们把那井的情况汇报给他。过了两天，康世恩到井上来了。我们住在自己搭的板房里，3 月份嘛，特别冷，板房顶棚盖不住，一晚上让风掀掉了 3 次。最后没办法，就把油管抬起来，用绳子连住压上。康世恩是副部长嘛，他来了连坐的地方都没有，我们就拿个大板子放下，让他坐。他却说，这是"叫花子过年"，穷讲究。我们也很早就认识他了，都比较熟悉。到四月底五月初，大批的人都到了萨尔图。全国 37 个厂矿企业调人到大庆，还有部队转业的人，大概 3 万多人吧。大庆那个地方当时物资匮乏，吃、住、工作各方面条件都很困难，连我们三探区的党委书记都是白天在牛棚工作，晚上到萨尔图那边的一个托儿所去睡觉。老百姓就讲："白天你是书记，晚上你是我们这的'托儿'。"那时候的猪圈、马棚、牛棚，能挡风的地方都是好地方。

1960 年 4 月底，召开誓师动员大会，宣布"五一"正式开始会战。会战开始才一个月，6 月 1 日就向外输油了，这在石油开发史上是没有的。当时那几口出油的井都是探井，油都在储油池里。我当时是采油队队长，给首列外运列车装油这个任务就交给了我。当我带领突击队的人走进东油库时，大家都傻眼了。栈桥是临时性的，地上没有大储油罐，那些凝固了的原油都放在很浅的大坑里。五六月份这个地方还比较凉，装油的时间快到了，可是晚间来了寒流，气温突降，油池子里的原油还都凝固着。当时，都是用槽子车拉着大油块儿来，放到萨尔图 40 井上那个油池里，那时已经有 200 多吨油了。看到大家面面相觑，我略加思索后对大家说："你们回队取铁锹，我去联系蒸

薛国邦带领突击队员在油池子里溶化原油

汽和压力泵,没有解决不了的事!"当时我们就先化油,让油泵水泥车能打出去。装车开始后,两个人把着蒸汽管对准油池滋,几个人用铁锹不停地搅动,抽油泵往罐里送。一天、两天、三天……从5月24日开始苦战了3个昼夜,到27日才装满7个罐。那油池相当大,外圈可以化,中间化不了。大家站在油池子边上干着急,因为时间越来越紧,离"六一"只有3天时间了。我真是有点急了,宁可豁出命来也不能误了原油外运!

我站在油池子边琢磨,想着当时王进喜跳入泥浆池压井,我们采油队装油装不了,怎么办?我对大家说:"要保证原油外运,只有下油池把中间的油化开,才能满足泵的进运。"想到这,我急忙脱掉外衣,夺过蒸汽管子,纵身跳进没腰深的原油池,像机枪手扫射敌人似的来回向凝固的原油滋蒸汽。几个年轻人也紧跟着跳进去搅动原油,大家用铁锹、脸盆把原油送到蒸汽处加热,大大提高了溶化速度,抽油泵呼呼地把油抽进罐里。我也顾不得两手被烫伤的疼痛了,轻伤不下火线,一心想着快快把油罐装满。就这样连挖带滋

的，干了一个礼拜。直到31日下午4点多钟，20节油罐车才全部装完。

我如释重负，就回去睡觉了。我基本上一个礼拜没睡觉，白天晚上都在那儿忙活。我连衣服和鞋子也顾不得脱，倒在铺上就睡着了。6月1日车装好了，要开走了①。过来两个人叫我去参加剪彩仪式，我都不知道，叫了两次都没叫醒，一翻身又睡过去了。第二天我醒了，我问："剪彩了吗？"他们说："车都到北京了，向党中央、毛主席献礼了！"我说："那行了。"

"七一"誓师大会实际上是个"赶、学、帮、超"的大会。大会以后，钻井队打多少井、打多快，我们采油队就要打到哪、管到哪，一个不空。会上家属队话筒都抢断了三根，都抢着说你收多少，我收多少，李长荣她们都厉害。那时候大庆人也不少了，有三四万。誓师大会就在大庆一中那个中学搭了个木板台子，树立了王进喜等"五面红旗"，就是我们五个。我们为啥刚开始就当先进呢？这是根据各单位原来的工作基础、来到大庆两个月的工作表现，评定了这么5个人，即"王、马、段、薛、朱"。我们都骑着大马，戴着大花，单位的领导给牵着马，我原来就会骑马。当时激动的啊，就想把油田开发好、管理好，多打油。

---

① 为支援国家经济建设，1960年6月1日，首车600吨原油从萨尔图车站运往石油五厂。石油工业部副部长、会战总指挥康世恩说："大会战首车原油外运，这是党和毛主席英明领导的胜利；是党的社会主义建设总路线的胜利；是部党组和省、市委正确领导的结果；是全国和当地人民群众以及人民解放军大力支援的结果；是整个战区全体员工英勇奋战的光辉成绩。"8点45分，在"社会主义好"的军乐声中，满载着原油的列车缓缓驶出东油库。从这一天起，油田开始源源不断地为共和国输送工业血液，开创了中国石油工业的新纪元。详见《大庆油田企业文化辞典（60年）》P26。

我接触的这三个劳模都是拼命干

口述人：汤儒勤，祖籍山东蓬莱，1934年2月出生于黑龙江省依安县。1967年6月加入中国共产党。1950年10月25日入朝，参加抗美援朝，回国后转业到辽宁省胸科医院。1956年考入中国医科大学放射科，1958年12月毕业。1960年3月从辽宁省胸科医院调入大庆参加石油会战，先后在石油勘探局安达农垦场职工医院、采油四厂医院、红岗卫生局工作。1987年12月退休。1958年开始发表诗歌、散文、小说、文艺评论等作品。先后在《文艺报》《诗刊》《星星》《诗歌月刊》《地火》《石油文学》等刊物发表作品500余首（篇）。出版个人诗集与报告文学集共三部，作品多次获省部级奖项，诗歌、报告文学作品被收入《胜利之歌》《凯旋》《中国当代诗歌选》。

时　间：2016年11月15日

铁人带领的1205队的指导员叫孙永臣[①]，患肝病了，是刘翠霞他们复查出来的，一摸肝已经有些硬了，这时候应该是肝炎中期或者是走向硬化阶段

---

① 孙永臣，1919年出生于山东省，与王进喜相识于1956年仲夏的玉门油田。那年，入党两个多月的王进喜，被派到被戏称为"豆腐队"的贝乌5队接任队长。参加过抗美援朝战争的转业军人孙永臣担任党支部书记。1960年3月，王进喜与孙永臣一同带队奔赴松辽，参加大庆石油会战。在会战实践中，孙永臣全力支持王进喜开展工作，彼此尊重，结下了深厚情谊。1965年年初，积劳成疾的孙永臣身体虚弱，王进喜调他到钻井二大队小学（铁人小学前身）担任校长，意在让他轻松一些，有利于养病。没过多久，孙永臣住进了医院。1968年3月11日，因肝癌晚期医治无效，孙永臣不幸去世，年仅49岁。详见《石油知识》2022年第一期P33~P35。

了,就把他送到了我们医院。孙永臣说:"你不能说我是铁人井队的。"他就住院了。有一天,刘翠霞到铁人井队巡回医疗,铁人对刘翠霞说:"你转告老孙,我过几天去看他。"刘翠霞就忘了保密的事,她回来后一进病房就说:"指导员,铁人说过几天来看你,叫你不要担心队里的事。"大伙儿这下就知道了,原来他是铁人井队的指导员。孙永臣一听就不愿意了,说:"你这丫头怎么能随便说话呢?"刘翠霞就"啊!"的一声捂着脸,跑出去了。后来铁人真的来了,他们井队在杨树林那儿有个农场,种了很多地。他去的时候给拉了两麻袋粮食。我们出去一看是铁人来了,都和他握手,他大声地说:"给我指导员治病,送你们两袋黄豆,谢谢你们了。"这是我第一次和铁人见面。

和铁人第二次见面应该是1962年冬,医院组织劳模检查身体,给他们做透视。王铁人我已经认识了,马德仁我不认识。王铁人就对我说:"你认不认识他?"我说不认识。铁人开玩笑地说:"马德仁你知道吗?'王、马',我骑的马。"这是他们两个在开玩笑。从此,我就认识马德仁了。一九八几年在让胡路商场我碰到马德仁了,他和老伴儿一起,看上去走路有点费劲。我说:"老英雄,你怎么了,你认识我吧?"他说:"我怎么不认识你,你不是老汤嘛。"

第二次见马德仁是他到我那儿去做透视的时候,他说他的胃经常不好受。我说:"马队长,你做个胃肠透视呗!"他不想做,我说:"不行,你是老模范了,你不注意自己身体,为了爱护大庆荣誉你也得治病!"我就给他透了胃肠,结果胃部有溃疡。会战时期的每个劳模,基本上老了身体都不好。2000年左右,我又遇见他,他老伴儿说:"叫他看病他不去。"我说:"不看不行,你多活一年就是大庆的福气。"我这也不是奉承,他们的荣誉那是用命拼出来的。他说:"那我去看看。"后来我就不知道他看没看。老头儿活得还是挺好的,我在电视上还能看见他,他一般不接受采访,比较倔,不爱被捧。

薛国邦我也认识。在大庆第一列车原油外运时,他装那12节油罐车装了4天4夜。第一列车原油外运是6月1日,5月1日正式开始会战的,6月1日就运走了六百吨油,一罐子是50吨,12节车厢,准备下来得一个来月。咱

1960年6月1日，大庆油田首车原油外运

们这个"八一"水管线，是解放军帮助铺的。因为不通水，装油也不行，油就在油池里凝成了坨，用水桶往上装也不行，当时把这个装油的任务交给薛国邦了。他不是装车的，是采油队的队长。于是薛国邦就领着人去干，他7天7夜没离开油池子，后来没办法了，就剩一天时间了，急得他抱起蒸汽管跳进凝固的油池，用蒸汽滋，两只手被水蒸气滋得全是水疱。大伙儿一看这场面，都跳下去了，连搅带滋，这才把车装完了，装完了就剩下几个小时要发车。那天康部长要去剪彩，下着小雨，上万人去东油库那儿欢送，那列车装饰得非常漂亮。薛国邦累得不行了，好几天没睡觉了，他回去告诉别人："等发车外运，剪彩的时候叫我一声。"他浑身是油，在两个木板房中间搭一个板子，很窄的板子，就像睡板凳似的躺那儿就睡过去了。结果剪彩的热烈时刻过去了，把他给忘了。等他醒来的时候都已经是晚上了。他就问："发车了吗？"别人告诉他车早走了，都快到锦州了，我们的油就是往锦州石油五厂那儿送。

首车原油外运时，康部长是8点45分剪的彩，剪完之后列车就启动了，车头上挂着毛主席像和红旗，非常美丽动人。可是薛国邦就没看着，他为这事好一顿发牢骚，对他底下人说："你们不叫我，自己去看康部长剪彩，把我这个师傅给忘了，你们这些怂孩子该打！"

还有一个故事也是关于王铁人的。我们有一回去巡回医疗，吃完晚饭，在木板房旁边看见铁人蹲着用拳头按着左腹部。我问他在干啥呢，他说他在那儿休息一会儿，这时候那个宣传干事邵泽波就过来了。他说："王队长，你去看病吧！你这胃又疼了吧？"铁人就说："我有胃舒平吃。"他买了一大瓶子胃舒平，一千片，疼了就吃几片。胃舒平主要成分是碳酸氢钠和莨菪，莨菪是止疼的，碳酸氢钠是中和胃酸的，打个嗝胃就不疼了，其实这会加速溃疡面的扩大。第二天他倒是上医院去了，可他是领着一个司钻去的，是给他一个徒弟去看病了。他自己没看，他的胃溃疡就累得癌变了，他就是因为这病去世的。我接触的这三个劳模都是拼命干！

领导要求我做"活字典"

口述人： 李淑贞，1935年8月1日生于四川省。1960年6月23日加入中国共产党。1952年4月至1953年4月在长春地质学院矿产专业学习。1953年4月至1954年4月在北京俄语专科学校出国部学习。1954年赴苏联莫斯科石油学院地质勘探系学习，1959年6月毕业。1959年10月为"薄而多"类油田开发项目来石油部实习。1962年4月，到大庆石油会战指挥部地质指挥所任实习员。1964年4月起先后任大庆石油勘探开发研究院油田地质室地质师、副主任地质师。1965年至1970年先后任大庆石油会战指挥部地下参谋部室主任、大庆油田副总地质师。

时　间： 2014年5月17日

　　我是在大庆石油会战誓师大会即将召开的时候到的大庆。我去的时候随身带了一本整理好的材料，都是为大庆准备的。当时，领导们感觉这么大的油田，不知道怎么开发。我到了大庆油田后，第一天报到，第二天余秋里部长就找我，主要是让我给他讲一下罗马什金油田①的情况，规模有多大，怎么开发的，开发过程中碰到过什么问题等基本情况。我当时就把罗马什金的情况介绍了，前前后后给党组成员等讲了五六次。我看的资料比他们多一些，

---

① 罗马什金油田是俄罗斯仅次于萨莫特洛尔油田的第二大油田，发现于1948年，于1952年投入工业性开发，是一个典型的陆台型多油层油田。油田地层倾角小于1°，含油面积4300平方千米，其中油水过渡带的面积占70%。地质储量45亿吨，可采储量24亿吨。

所以还介绍了别的国家的经验。当时，美国有个东得克萨斯油田也比较大，属于自然开采，喷就喷，不喷就拉倒。他们是资本家赚钱，而我们一是需要产量保持稳定，二是要保证最简单的开采方式——自喷。实现这两个目标首先要做的是内部切割，井距大了不行，强调排距。大庆的油井是一排一排的，排与排之间叫行距，井与井之间叫井距。后来排距为什么定了300米或几百米的做法，就是想通过试验来掌握我们这样的地层怎么搞。为什么大家这么重视油井自喷呢？因为油井自喷是成本最低的一种开发方式，而且也是最容易实现的。那个时候，用磕头机、抽油机比较麻烦，因为需要的东西多，所以搞自喷。我说罗马什金油田的排距大概是1200米，井距200米，后来通过试验发现这么搞不行，要搞得近一些，要不然影响注水效果。

我向余部长介绍的第二个情况就是分层。当时罗马什金油田分A、B、C、D四个地层，分了几套程序，不是一起开发的，而是分成了三步。这个情况我详细介绍了一下，这对我们大庆油田分层开发有借鉴意义。再一个就是保持注水，罗马什金油田打了自喷井以后，没有马上注水，工作滞后了一二年，结果好多井都关井了。开采几年后，好多井自喷不了，因为地层压力没保持住。余部长等领导都很重视这个情况，所以，我们大庆油田开发后早期注水，就是早期内部要切割，以保持地层压力。

有时候，好多领导临时问的一些问题，我都要立即做出回答。我怎么应对呢？幸好当时咱们油田有个图书馆！馆里有个姓李的部队转业兵，来了新书就跟我说。我查到有关的资料后，就在书里插个纸条，边吃饭、边看书，这样解决了好多问题。1964年以前，我们工作没有星期天，没有节假日，洗脸都是随便抹一把。只要有一点儿时间，就要赶快看资料，简单查了之后，还要细看。每次开技术座谈会，我都要带一堆资料去。有一次，我刚刚在书里查到罗马什金油田注水后的情况，领导就问到我了。领导说："小李你说说，罗马什金油田注水后温度怎么样，一年以后温度有多大变化？"我一下就答出来了。那时，领导要求我成为有问必答的人，我要做到这样，平时就需要多看资料。我本身还有工作，要完成室里给我安排的任务。哪个地方开会，叫

俄罗斯的罗马什金油田

去马上就得去。我时常反问自己，领导都想些什么问题呢？关心什么问题呢？当时大庆就是注水问题，还有油田规模有多大之类的问题，以及地层对比的问题。有一次我们在安达开会，讲到分层，说到罗马什金油田分A、B、C、D层，因为层厚，就分层做进一步研究。康世恩副部长马上就说："我们也要做小层研究。"原来，我们大庆油田也是萨尔图一个层、葡萄花一个层，小层研究就是从那时候开始的。所以，我当时满脑子都是资料，要介绍罗马什金油田的分层顺序、分了几层，进行每层研究的细致程序。一层一层地制图，一层一层地研究。领导随时问，出现什么问题，就解决什么问题。康世恩副部长要专门听汇报，石油部党组也要听，我一介绍就要重复好多次，他们也是要反复地研究，同时征求国内其他方面一些专家的意见。我动员所有的人，发现一点儿新情况就要告诉我，给我提醒。关于罗马什金油田的具体状况，领导们会随时问我。有一次领导问到罗马什金油田的开发数据，当时李道品也在罗马什金油田学习了一年，他了解这方面的数据，正好提供给了我，否则我还真回答不了。因为书上也没有写得那么细，罗马什金油田每年的生产状况，打多少井啊，采油多少啊，这些在书本上都没有详细的记载。当时，

领导要求我做『活字典』

对大庆油田这样的陆相地层还没有科学的认识，没有陆相地层这个概念。苏联的海相地层的那一套东西，与我们的实际对不上号。我们大庆油田的情况比他们要复杂很多，特别是地层变化比较复杂。大庆油田"早期内部切割分层注水，保持地层压力"的开采方针，吸取了罗马什金油田的教训，我们一开始就注水，我讲的一些经验领导都接受了。个人感觉，我工作的意义就是协助领导确定了油田开发的方针。

我负责编制大庆油田试验中区方案

口述人： 杨通佑，1928年9月出生于重庆秀山土家族苗族自治县。1956年加入中国共产党。1960年4月到大庆参加石油会战。会战期间，历任大庆油田开发室主任、地层对比大队副队长。1988年退休。

时　间： 2014年10月22日

杨通佑

大庆油田第一次技术座谈会之后，我开始负责编制大庆油田试验中区方案，当时我算是在这方面比较有经验的。因为在玉门油田，我是李德生的助手，当时苏联专家来帮助我们开发玉门油田，编制了第一个油田开发技术方案，我是参与人之一[①]。当时负责编制这套技术方案的是石油工业部的主任地质师陈贲，还有韩大匡、黄剑谦、陈钟祥等。我们几个人在北京招待所借了几个房间当办公室。在苏联专家的帮助下，我们编了第一个油田开发的技术方案。1957年，我被派到苏联，专门学习油田开发的技术方案，当时苏联一些大油田我都去过。

[①] 1953年，石油管理总局根据苏联专家的建议，决定编制玉门油田注水开发方案，29岁的秦同洛负责工程部分，地质部分由老地质家陈贲负责，另外还有韩大匡、黄剑谦、杨通佑以及陈钟祥等。这是我国油田开发的第一个注水方案设计，可供参考的仅有苏联杜依玛兹油田的注水设计，以及接任务前不久到罗马尼亚参观所获得的感性认识。在方案设计中用物质平衡法论证了玉门油田开发主要靠水驱。这也是我国第一次进行有关论证。实际开发数据资料表明，地层压力的变化与水驱理论的论证计算基本一致。这个方案的实施，使地层压力逐渐恢复，年产油量增加到80万吨以上，采收率得到提高。在实施过程中不断加深认识，由边外注水调整为边内注水。这些工作为以后大庆油田的注水开发积累了宝贵的经验。详见《中国科学技术专家传略》（工程技术编·能源卷2）P245～P246。

在开始编制大庆试验中区方案的第一天，余秋里、康世恩两位领导召集有关专家，开了个小组会议。首先讨论了试验区建在什么地方。大家讨论了喇嘛甸、葡萄花等，最终确定在萨尔图油田的中区铁路附近建一个30平方公里的试验区。为什么要建在萨尔图这边？因为这里战略性较强，位于油田的中间位置，铁路也经过这里，交通便利，转运大钻机等物资比较方便。编制方案工作开始时，我们每天都开会研究，一般是早上9点钟开始开会，一直开到晚上11点左右。夏天，时间就更长了，开会一般都开到凌晨。

1960年5月的一天，我到几十公里外的地方拉了趟材料。回来后的当天晚上11点，忽然接到通知让我第二天9点就拿出方案来。当时我有个工作助理叫朱庆生，他拿着手摇计算器，根据我在苏联学的经验和计算公式来计算井排间距、井间距离等数据。第二天早上7点钟，我们完成了一张图，接着就赶紧开会讨论。我对在座的领导说："虽然这是大油田、好油田，但我们对很多情况还不是很清楚，所以方案需要更多的灵活性。如果情况发生变化，就得改变注水方式，要考虑到可能出现的各种情况。"余秋里部长听了我的话后说："说得好，方案就得留有余地！"

随后，余部长、康副部长及其他一些专家们就和与会同志们一起讨论。讨论完方案后，大家就开始讨论切割注水的问题。大家讨论完，让我提出意见，第二天再修改。这次我们开完会已经是晚上11点了，第二天9点还要修改，我就回去连夜进行布置安排。当时和我一起工作的主要是李道品，还有几个石油学院的实习学生。他们几个人和我一直干到第二天早上七八点钟。两天两夜的时间连轴转，我只眯了一会儿。经过充分的讨论研究，最后确定的是两排注水井加三排生产井。注水井的井距是500米，生产井的井距是300米。

讨论完这个方案之后，康副部长叫我到萨尔图油田去找王进喜，当时王进喜他们钻井队正着急等着井位图开钻呢。很可惜的是，我负责编制大庆油田试验中区方案这个事没写进档案，会战结束也就结束了，没有留下什么痕迹。现在想回想一下，也找不到档案，当时这个意识也比较淡薄，干完了就

地层对比大队队员在钻井取心现场整理岩心

完了,没有做会议记录。后来我写了一篇文章《大庆试验中区的诞生》,被研究院出版了,算是一个纪念吧。

大庆试验中区方案编制完成后,9月份我去了前线,当时在安达成立了前线指挥部。前线指挥部设了一个地层对比大队,主要任务是研究地层。对比大队的队长是李德生,副大队长由我和另一位专家担任,对比大队分几个室,有开发室、对比室、地球物理室等。大队成员当时都比较年轻,大队长李德生40多岁,我们几个人30多岁,另外就是学生了,有几十个石油学院的学生跟着我们一起实习。地层对比大队主要对比地层,要搞清楚地下的情况,比如油层是否连通、渗透率好不好等问题。那时,大庆油田已经钻了四五十口井了,要对比就要把地层情况先描绘出来,然后一起排列看岩层的情况。当时我是大队地层方面的负责人,小队长是陈子琪。我在玉门的时候就爱做一些对比工作,在四川会战时也同样做着油层的对比工作,工作得到了很多老领导的支持。当时有很多石油学院的学生,都没干过这些活儿。所以,在

进行具体工作的同时，我还得教学生怎么对比。

1960年9月初的一天，焦力人等领导来到前线，说第二天要开全国电话会议，要求我汇报地层对比情况。由于时间紧、任务重，我在那一天一夜里真是拼了命了。当时连个桌子都没有，我们把被子卷起来，就把铺床的木板拼起来当桌子。我先搞了几口井的示范，划分油层，把高渗、中渗、低渗用不同的符号标出来，然后让大家照着干，一直干到第二天11点才全部完成。通过对比，大家比较清楚地看到了萨尔图油层、葡萄花油层的情况。萨尔图油层又分萨一层、萨二层、萨三层，萨一层比较差，萨二层稍好些；葡萄花油层是最好的，连通性等都很好，是大庆的主力油层。

我们从来没有"受不了"的想法

口述人：陈子琪，1934年12月出生于广东省汕头市。1962年6月加入中国共产党，1954—1958年就读于北京石油学院，1959年5月担任松辽石油勘探局油矿组组长，1960年来大庆参加石油会战，任地层对比大队组长。1964年调任石油部地质司。

时　间：2014年5月16日

陈子琪

1960年年初，我们搬到安达县。到安达以后，我们也还是搞一些综合研究，印象最深的还是取资料。我们人住在安达县县城，试验室也在安达县县城，打井却在萨尔图，所以我们取到资料后，必须送到安达的试验室。那时候，刚刚开始会战，路很不好，整天翻浆，一到下雨天，汽车都没法开，有什么急事要办，就得两条腿走。

有一次，我从萨尔图往安达送资料和岩心，当时正是路面大翻浆的夏天，根本没有汽车可搭，可那资料又都是很急的，所以拿到资料要及时往回送。那天还下着小雨，路特别滑，我又没有穿水靴，穿靴子更滑更容易摔倒呀，要是靴子里灌了水，那就更没法走路了，所以路再湿再泥泞我都是不敢穿靴子的。那天我一路走一路摔，有的地方坑坑洼洼，除了水就是翻浆鼓出来的土包儿，感觉都走不过去了，一个跟头接一个跟头地摔呀、滚呀的。萨尔图距安达60多里，从萨尔图一天是走不到安达的。中间有个地方叫什么名字，我现在都不记得了，那儿有个大车店，大车店里住了很多人，且都是些男的。那天晚上，大家都歇下了，我也没法再走了。因为我没穿水靴，鞋早就湿透

了，裤子也湿了，衣服也湿了。可在那个大车店里也不能换，就湿着穿了一宿，第二天早上，衣服被我自己的体温给烘干了。早上继续赶路，可走不了多久，雨水加汗水又把衣服弄湿了。那个年代，黑龙江松嫩平原上的大车店可不像现在的小旅店，现在小旅店都有客房，大车店只有一个大炕，上面睡的全是男的，有赶马车的"老板子""掌包的"，还有一些出门办事的人，也有油田上赶路的石油人。大夏天的，又都是走了一天的路，多累啊！躺下都呼呼地睡着了。我从小是在城里长大的，又是在北京上的大学，才20来岁，还没结婚，哪享受过那种待遇啊！我根本不敢上炕睡觉，就找了一个小板凳，在门口旮旯的地方，坐那儿打个盹儿，根本就没睡着。那一宿最让人受不了的是蚊子。大庆会战初期蚊子都叫"死了算"，轰都没用的，就是咬人，打死才算完。那次印象特别深刻。

那个时候真的是条件太差了，工作太苦了，但我们从来没有"受不了"的想法，总觉得自己还行。就像那天，我想的就是必须把资料尽快送到。大家的劲头都很足，想的就是要通过我们的努力甩掉石油落后的帽子，拿下这个大油田。我们的信念是很坚定的，当时不是苏联跟我们"掰了"嘛，我们也憋了股子劲儿，就不信不行，都没想过我要撤、我要走。

我们取资料就是为了搞地层对比。1960年大庆就成立了对比队，这也是全世界第一个对比队。因为大庆油田开发在新中国是第一次，没有任何开发经验，都是边摸索边开发。油层对比在当时世界上任何一个油田都没有做过，可以说这是大庆油田首创[①]。大庆之所以能稳产这么久、开发这么久，跟一开始就把地下情况认识清楚是分不开的，当然不能完全归功于地层对比，但地

[①] 1960年4月，为了开发好大油田，摸清油层分布情况及其特性，会战工委决定在萨尔图油田中央开辟一个30平方千米的生产试验区，并成立了对比队，钟其权被任命为对比队队长。队伍年轻，经验少、技术缺，但他们有的是精神和干劲儿，工作起来像着了魔似的。经过千万次的地层对比、油层对比和油层组内小层对比，他们摸索出了一套适合大庆特点的新的对比技术，并命名为"三级控制、组为基础"对比方法。这种后来被称为"旋回对比、分级控制"的分小层对比新方法，突破了传统的大平均笼统研究油层的方法，为认识油层、合理开发油田打下了基础。详见《岁月流金——记石油科技专家（三）》P235～P236。

地层对比队员进行岩电对比

层对比是基础。我是对比队的副队长，对比队主要做的是搞清地下的油层，每口井的油层、每口井和每口井的关系都得搞清楚。谁跟谁连在一起，谁不连，射不射孔，射这层还是射那层，就是根据油层的性质和连通情况来做决定的。当时我们在搞的这个叫生产对比，生产对比就是必须要在规定的4个小时或6个小时内，把拿到我们这儿的资料分析对比研究透彻，进而得出正确的结果，井队就根据这个决定在哪儿打井，在哪层射孔。刚开始的时候，因为我们的队员大多数是刚毕业的或者没毕业的学生，所以技术力量比较薄弱。例如，那时候我才刚毕业，上大庆的时候还是实习员，没有转正，还不是技术员呢。所以把关、审查就非常重要，还要总结，我们经常开总结会，总结我们通过这个工作找到什么规律了，找到什么标志了，应该怎么做，这样才能提高啊。所以，通过大庆那段时间的锻炼，大家工作能力提高得很快。

我们对比队当时在大庆是很有名的，是很多年的标杆队。我们的工作量非常大，有多少口井我们就得做多少个对比。井打出来，马上就要对比，给人家提供射孔层位啊什么的，井打多了以后还要综合分析，综合做一些工作，

反复对比。当时有个说法叫"百万次对比",地层对比仅是一个说法,得综合研究,看地层之间的关系,每层与每层的关系等;还有每个单层的特点、规律,又分油层、水层、气层。所以,对比是一个笼统的说法,其实包含了很多的内容。因为我们人都在地面上,看不到地下,所以就得靠打井拿出来的一点儿岩心啊,还有测井资料、地震资料等来分析,做一个综合研究。我们在工作实践中总结出来的这一套小层对比的方法,对油田的开发可是很有用的,国外都没有人做过,就是在大庆油田之前,其他的油田也都是大段大段地对比,有的甚至是几百米的对比。大庆油田开发以后,我们才搞得这么细,小层弄的是一米、两米甚至是几十厘米的对比,这样才能搞得清地下油层的情况。我们把这个写成书了,大概是在1963年,我离开大庆之前就写出来了。这个成果得过"国家科学技术进步奖"。现在大家把这个统称为"油层对比"了。我们离开以后,钟其权他们又深入地做了很多工作,他在这方面贡献挺大的。

大庆的第一个开发方案

口述人： 裘怿楠，国家有突出贡献专家，博士生导师。1932年12月出生，浙江嵊县（今浙江省嵊州市）人，中共党员。1951年毕业于南京地质探矿专科学校，任玉门石油局钻井公司地质师。1961年到大庆油田参加石油大会战，先后在地质指挥所开发室、对比队及油田研究院工作，历任大庆油田石油科学研究院室主任、副总地质师。他主持设计了大庆油田第一个开发方案（146方案）和小层对比方案，而后提出了微观沉积相概念，为大庆油田的科学开发做出了卓著贡献。1965年被评为大庆油田活学活用典型。

裘怿楠

时　　间： 2014年5月18日

我到大庆参加石油会战，报到后没过多久，就被分配到了开发室。当时地质指挥所由两部分组成，一部分叫管理室，主要负责打井，管生产；另一部分叫研究站，主要搞研究，搞生产管理。研究站下面是开发室，把我分到开发室以后，先是给我分配了一个年轻人当助手，后来又给了我一些大庆油田的资料，叫我先看资料。看完资料，我接到了到大庆以后的第一个任务，就是写一个大庆油田的地质报告。大概弄了一个月，我写了一个报告叫《大庆油田地质报告》。这个报告交上去后，领导说通过了，又给我重新分配了工作，就是到对比队搞油层对比。那是地质指挥所下面的一个单位。当时对比小队的负责人是钟其权，而大队长是李德生。

1961年年底，大庆在萨尔图中区开辟了生产试验区，主要搞地层对比，

到年底开座谈会时要进行总结，要出成果。那时搞地质的都是刚毕业的年轻人，王启民也是那时候参加工作的，只有我工作了快10年了，算是一位老地质师。就这样，我们克服了经验不足的困难，用了两三个月弄出来了一个总结。1961年年底开地质座谈会的时候，我去做了一个报告，最终确定为大庆第一个开发方案。那次座谈会也是大庆召开的第一个座谈会，会议的负责人是李德生、童宪章、秦同洛[①]，管工作的是谭文彬。当时，康世恩副部长也参加了这个会议。由于讨论的是大庆油田的第一个开发方案，大家都比较谨慎，这会一开就开了一个月。当时开会的气氛特别民主，什么话都敢说，没有什么越级一说。解放以前的老地质师只有李德生、童宪章、秦同洛三个人，剩下的全是新中国成立后的年轻人。康世恩副部长说："你们不要说，让年轻人来说。"就这样，他边听边问问题，我们在上面讲，他就在底下插话。就这样，白天大家在一起开会，晚上康世恩找几个人到办公室继续讨论，最终方案确定了下来。这个方案定下来以后，康世恩又在二号院召集了一次会议。二号院现在还保留着，就是现在的大庆油田历史陈列馆。也就是在那儿，大庆油田的第一个开发方案定了下来。

大庆的第一个开发方案，叫作"146方案"[②]，是按照采油一厂146平方公里的面积命名的。我们对比队搞这个方案的时候，先把地下的情况摸清楚了，再根据这个情况制订的方案。这套方案我们做得非常精细，怎么打井，一年采多少油，注多少水，哪部分注射，哪部分保持压力，如何保证高产稳产，都是我们需要考虑的问题。这个开发方案有两部分，一部分是油田地质，另

[①] 秦同洛（1924—2000），男，汉族，中共党员。1944年毕业于上海交通大学西南联大分校。石油开发工程专家，教育家，教授级高级工程师，博士生导师。大庆石油会战时期负责制定大庆油田注水开发方案和第一个大型试验区开发方案，作为主要完成者的科研成果"大庆油田长期高产稳产的注水开发技术"获国家科技进步奖特等奖。我国石油开发教育的创建人之一，华北石油勘探开发研究院、中国石油勘探开发研究院的创办人之一，原中国石油天然气总公司石油勘探开发科学研究院副院长。

[②] 大庆油田编制完成的第一个开发方案是《萨尔图油田中部146平方公里开发设计方案》，简称"146"开发方案。1961年5月，根据石油工业部和石油会战领导小组的要求，油田开始编制萨尔图油田中区、东区、西区、南一区、北一区这5个区块146平方公里的开发方案。编制开发方案依据的是长期稳产的方针和原则。详见《大庆油田企业文化辞典（60年）》P27。

在大庆油田开发座谈会上，参会人员发扬技术民主，确定开发方案

一部分是油藏工程，我们小队只负责地质基础那一部分。油田开发分几套程序，就打几套井网。当时我们把油层分成三大类：最好的油层，井距大一些，井网稀一些，少打一些井，产量提高；中等的油层，一套井网；最差的油层，采用补洞的打法。就这样，那次的方案制定确立了大庆开发的一个重要方针，前前后后搞了好长时间。

1962年，我们到北京汇报，我的收获还是特别的多。我们觉得搞地质的，首先要把油层情况搞清楚。大庆当时开发了100多个油层，主要开发的是45个油层，上面的高产层留下了，还没开发。有一部分储量不动，留下来备用，所以把上面那45个油层开发了。当时关于开发这45个油层有两种意见，一种主张学苏联，一种主张学美国。最后定下来的是，好油层按苏联的思路干，差油层按美国的思路干。那时候，交流经验的方式主要是用辩证法去讨论这个思路。我记得康世恩在的时候，他叫我们过去，翻来覆去地讲。在"美国派"面前，他从来不说美国这个方案好，总说美国方案差，"美国派"就跟他

说了好多优点，跟他争论。在"苏联派"面前，他也从来不说这个方案好，还总说这个方案坏，"苏联派"就跟他说了好多优点，跟他争论。其实，早在1957年在北京的一个燃料工艺干部学校进修的时候，我就学了五个月的"两论"，学了马克思主义基本原理。我当时在文字和理论方面学了不少知识，但真正开窍是到大庆参加会战以后。在大庆，领导们是用辩证法考虑问题，一切都是从实际出发。康世恩跟我们讨论问题，提问题、做总结，都是按照这个思路进行的。那时康世恩已经是正部长了，他特别爱深入基层。领导教育对我的影响还是挺大的，也给我留下了非常深的印象。

我被点名调到大庆参加油田开发

口述人：金毓荪，教授级高级工程师，中共党员。1935年1月出生于浙江省杭州市，1954年毕业于西北大学地质系，毕业后分配到玉门油田，并于1956年6月至1958年3月赴罗马尼亚钻井采油院进修。1961年参加大庆石油会战，1978—1986年任大庆石油管理局副局长，兼任采油总工程师。1986—1990年期间，先后任中原石油勘探局副局长、局长。曾任中国石油勘探开发研究院总地质师、专家室主任、博士研究生导师，中国石油学会第三届理事，中国石油工程学会副主任。"大庆油田高产稳产注水技术"的主要参与者。编著有《油田分层开采》《陆相油藏开发论》等书籍，并参与编写了《中国油藏开发模式》丛书。

时　　间：2014年5月25日

　　我从西北大学地质勘探专业毕业后被分配到玉门油田。当时，国内没有人懂油田开发过程中的一些技术问题，组织派我去罗马尼亚学习。回国后不久，我被点名调到大庆参加油田开发。大庆油田从1959年9月26日被发现以后就开始打井，但是到了1961年，也就只有几十口井。来到大庆，我被分到采油指挥部，也就是现在的采油一厂下面的一个井下作业处。我最大的感受就是艰苦，在我看来可以具体分为"两个苦"。

　　第一个苦，就是生活条件艰苦。那个年代国家正处于三年自然灾害时期，但是谁也没有想到，大庆的生活会有这么苦。总的来说就是吃的困难、

住的困难。先说吃,当时没有吃的,好多人都拿东西去换吃的。我作为高级技术干部,当时待遇稍微特殊些。那时候工作很紧张,大家就围成一个圈儿,一边吃饭一边商量工作上的问题。我也记不清楚当时是多少定量了,我印象最深的就是,当时的主食是高粱米和大碴粥。过去我们南方人都不知道这些东西,到了东北才知道,真的有些难以下咽,即便这样的粗粮也是不够吃的。再说住,那时候哪有房子住啊!我们的住处就是推土机推出的大坑,用油布一盖,人就钻到里面去住,还不如"地窨子"①正规,生活条件十分艰苦。

第二个苦,就是生产科研条件艰苦。这里无法跟老油田相比,更无法跟美、苏那些先进国家相比。偌大的科研生产单位,我们的工程师却人手一个算盘,计算每天油田生产的大量数据,要一口井一口井地去记录。而当时,美国工程师只需要坐在电脑前轻松地看数据就可以了。但就是在这样艰苦的条件下,我们在很短的几年内就把大庆油田开发出来了,而且开发得很好,创造了当时世界上同类油田开发的奇迹!因为,在世界所有油田的开发中,在如此艰苦的条件下,在这么短的时间内拿下大油田的案例是绝无仅有的。这一壮举的重大意义,一是很快建立了我国重要的石油生产基地;二是为了实现目标,我们不断创造出跟油田开发相关的设备、用具,极大地改善了当时的生产条件。

同为采矿行业,我们的开采难度要比煤炭等行业大很多,因为其他矿产资源大部分是能够看得见的,而我们的资源是在地下流动的,是隐蔽的。面对这种复杂的情况,我们需要的不仅是革命精神,还有科学的态度。我们要用正确的思维方式和唯物主义辩证法去分析手头非常有限的资料,不能形而上学,不能主观臆断。

当时除了生活上的困难外,工作上我们更是要经常面对一些非常棘手的难题,最大的问题就是如何注水。通过搞"十大试验"我们才知道,水

---

① 地窨子,赫哲语称"胡日布",是在地下挖出长方形土坑,再立起柱脚,架上高出地面的尖顶支架,覆盖兽皮、土或草而成的穴式房屋。

要注进去，得分层注进去，而且关键在于分层管制。我负责生产的那9年里，几乎所有的时间都是在采油现场，指导采油工如何录取资料、巡逻、检查等，以培养他们分层注水的理念。我们研究的对象根本看不见，因而工作是十分困难的。比如说含水等因素，它们是不断变化着的，所以这里面就有很多主观的判断。要想判断准确，就得运用唯物辩证法。否则，判断失误就会耽误大量的时间，甚至造成巨大损失。在这种情况下，我撰写了关于油田开发的理论书籍。这里我要说的是，很多理论都是从实践中得来的，有什么事情不清楚，并不可怕，只要去实践就有收获！无论什么工作，实践都是第一位的。这里不得不提的是"十大试验"，实践成功以后还要总结，否则就不是地质师，而是匠人，因为地质师是需要技术理论作支撑的。我们的油田和苏联、美国的不同。首先，地质条件就不一样。这层很厚怎么办，那层很薄怎么弄，有很多层，高的低的都得要弄清楚。水怎么注，油怎么采？都得要想尽办法。根据岩心，我们要区分出哪个是油层，哪个是水层，哪个是油水同层。

在这个过程中，我们得弄清楚油所处的位置。就像军队打仗一样，敌人一打枪，我们知道敌人在哪里了，就知道该往哪里打了。所以，我们开采油田用的好多思想都是军事上的经验。我在学校里学的是普通地质，像这些东西我都没学过。油在哪里能找到，理论和实践是完全不一样的。当时在采油

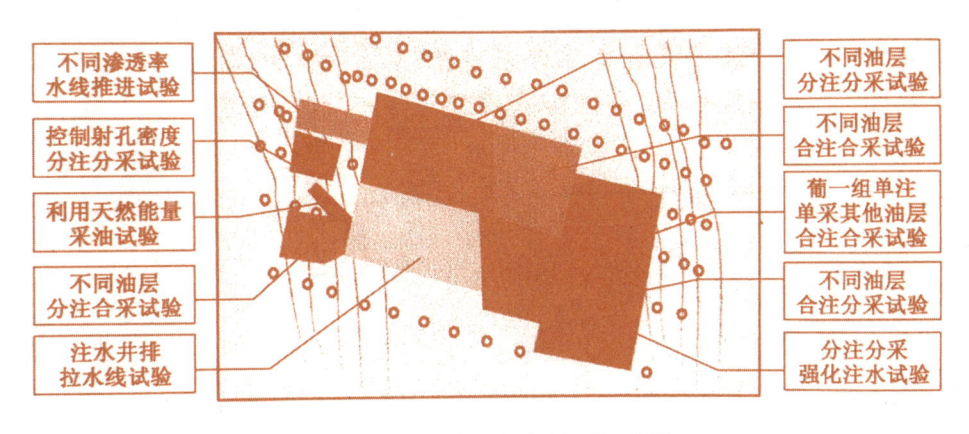

萨尔图油田十大开发试验部署示意图

厂,"十大试验"里面有好多问题我们都不懂,其中一个试验就是什么都不注,看石油能不能自己出来。这种试验只能看效果,蛮干不行,我们一定要找对方法。油田开发是一项系统工程,它不是单项科研,也不是单项技术。

"皮夹克派"和"西装派"的论战

口述人： 李道品，1933年2月22日出生于陕西省安康市。1953年加入中国共产党。1952—1954年就读于西北大学，1954年大学毕业后到玉门油田工作。1959—1960年在苏联莫斯科全苏石油研究所油田开发专业进修。从苏联进修回国后参加大庆石油会战，担任大庆油田采油部主任地质师。1962年4月担任大庆地质指挥所副指挥，1964年6月任大庆研究院副院长。先后担任大庆、江汉、华北和大港油田的副总地质师、总地质师。1984年任石油勘探开发科学研究院廊坊分院院长，1990年调中国石油天然气总公司油田开发专家组和咨询中心工作。

李道品

扫码收听会战故事

时　间： 2014年5月14日

我是1960年3月底回国的，我们那届一共去了7个人，回来了6个人，有1个人没回来。回国后，有一天我们去石油部报到，一上楼梯就碰上了吴星峰，他是石油部机关党委的副书记。我们出国前，他给我们做过报告，对我们有印象。那天，他看我们一个个都穿着西装，知道我们是刚从国外学习回来的，就问我们出国到哪里去了。我说："我们刚从苏联实习回来，是来石油部报到的。"他说："好！好！你们回来的正是时候，松辽正在开展石油大会战，你们不用回原单位了，直接去安达报到吧，那里有你们这些留学生更大的用武之地。"于是，我们几个人连家都没回，就都到大庆参加石油大会战了。

我是1960年4月初到的大庆，刚到大庆就参加了大庆油田开发的第一次

召开第一次五级三结合会议的安达铁路职工俱乐部

技术座谈会,这个会是在安达的铁路职工俱乐部开的。当时我刚从苏联回来,对大庆的情况还不太了解。李德生和一些老专家参加大庆会战的时间比我们早,了解的比我们多,他们是主力。我当时的工作单位是松辽研究站,松辽研究站研究讨论工作的时候,余秋里部长、康世恩副部长都会来参加。大庆所在的地区原来叫生产试验区,最早是在1960年年底李德生在南部提出来的。1959年9月26日,大庆油田被发现,1960年初定的叫生产试验区,当时萨66井、杏66井和喇72井三口井均见工业油流,正是"三点定乾坤"的时候。4月底,整个会战向北转移,整个试验区转移到了中部,就是现在萨尔图区采油一厂的那个地方。基准点是定了,但是怎么打井?怎么注水?因此就有了不同的意见和争论。当时大家研究讨论得很深入,也都做了很多工作,研究院对国外一些油田的开发也组织了调查研究,为大家提供了借鉴与参考。

大庆油田,在当时乃至今天看,都是大油田,和苏联的巴库油田很相似。所以,我把在玉门工作的经验和教训作为自己工作和实践的基础,在学习苏联先进技术及吸取他们的经验和教训的基础上,结合大庆油田的特点,提出了"内部横切割行列注水"的开发设想。大庆是属于横条走向的,纵切割是很不好办的。另外，我在玉门和苏联都发现，在油田的边部往往油层变差，所以就要进行内部注水。当时还有谭文彬等人和我一起主张这个理念，但是有些老同志的主张是面积注水，他们都是在美国学习的，美国的理念都是面积注水。所谓的面积注水，就是在油田区块中间设一个注水井，四面都是油井。所谓的行列注水，就是采油井和注水井都是一排一排的，行列注水比较规矩，水慢慢地走，好控制、好管理。当时不同观点引起了激烈的争论，争论各方各讲各的道理。李德生当时说："我就支持你们搞行列线性注水！"康世恩副部长并不随便评论与决定，真正发扬技术民主，各抒己见。讨论来讨论去，焦点集中在行列注水还是面积注水这两大观点上。我们从苏联学习回来的人全都主张行列注水，从美国学习回来的人全都主张面积注水。特别巧合的是，从苏联学习回来的人，全都穿的是皮夹克，从美国学习回来的人，全都穿的是西装，所以人们就把我们的论战称为"皮夹克派"和"西装派"的论战。

在萨尔图的三号院①，我们前前后后争论了很久，最后定下的方案是我们提出的"内部横切割行列注水"。那时候大庆油田与苏联最大的巴库油田确实比较相似，计划经济体制也一样。客观来说，当时内部横切割注水是比较适合大庆油田的，但也不能完全否定面积注水。方案定下来之后，整个试验区都是按内部横切割行列注水进行开发的。后来康世恩副部长总结说，对好的油层进行横切割式注水，对差的油层进行面积式注水。因此，到北部、南部开发时，就分得比较开了。这说明，康副部长是很能听取大家的意见的，主要学习苏联的经验，同时也借鉴美国、加拿大一些西方国家的经验。现如今，大庆未开发的好油层不多了，所以我们都采用面积式注水。

---

① 大庆石油会战刚刚起步的时候，会战指挥机关驻在安达县。1960年10月，会战领导小组决定把指挥中心迁到萨尔图直接领导会战，于是在萨尔图铁东一片荒原上支起帐篷，建起干打垒、土坯房，作为会战总指挥部用房，编为一、二、三号院，主要领导和部分机关职能部门驻在第二号大院里。

参加大会战我义无反顾

口述人：王启民，教授级高级工程师。1937年9月26日出生于浙江省湖州市。1978年7月加入中国共产党。1960年到大庆油田实习，1961年大学毕业后参加石油会战。曾任大庆石油管理局勘探开发研究院院长，大庆石油管理局局长助理，大庆油田有限责任公司总经理助理、副总地质师。中共第十五届中央候补委员。曾获全国科技大会奖、国家科技进步奖等奖项。1997年1月被中国石油天然气总公司党组授予"新时期铁人"荣誉称号。2009年9月被评为"100位新中国成立以来感动中国人物"之一。2018年12月18日，被中共中央、国务院授予"改革先锋"称号，颁授"改革先锋"奖章，并获评科技兴油保稳产的大庆"新铁人"。2019年9月17日，国家主席习近平签署主席令，授予其"人民楷模"国家荣誉称号。

时　间：2014年7月29日

1961年夏天，我们就要毕业了，班里的同学都在讨论着毕业去向。那个时候，我和陈宝玲已经明确了恋爱关系，她也在和我讨论，她的父母也在帮我们出主意。我可选择的路比较多，老家在浙江，父亲去世，家里有年迈的母亲和残疾的妹妹，只要在毕业志愿栏写上"回浙江"三个字，便可以得到照顾，回到江南，回到亲人的身边。我也可以留在北京，因为陈宝玲的家就在北京，而且母校也希望我能留校做一名老师。可我的心早就飞到了大东北，飞到了大庆油田，实习的情景在我脑海里一幕幕闪现。所以，我最后在毕业志愿一栏写上的是"到大庆去"。1961年9月，我和陈宝玲一起重返大庆会战战场，我俩都被分配到了油田地质指挥所。我在开发室三组，主要是在萨尔图中区西部生产试验区进行油田注水开发的研究试验。

当时，正是国内三年自然灾害的时候，全国粮食供应极度紧张。大庆职工也过着"五两①保三餐，一杯盐水分外香"的日子。有一段时间，我跟随领导到矿区了解油井情况，每天都要忙到晚上11点多才能回到宿舍，可躺在床上，有时候却饿得翻来覆去睡不着。为了保证第二天能坚持正常工作，我就悄悄爬起来和几个年轻同志跑到食堂后面找扔掉的干白菜根，洗净后用小刀削成薄片，放到饭盒或者铝盔里煮着吃。那时候人吃不饱，油田更是面临着重重困难。苏联单方面撕毁合同，撤走了在华专家，还断言："离开了我们，你们中国人不可能开发这样的大油田"，甚至挖苦我们："中国人开采不了'三高'油田，除非把大庆搬到赤道上去"。我不相信外国人能办到的事中国人办不到。当时我们虽然经济落后，缺少经验，但大家都是一心一意地想把油田搞好，豪情满怀。1962年年初，也就是我来油田的第一个春节，我们地质指挥所的年轻同志们在干打垒里说起

王启民（右2）在萨尔图中区西部稳产试验中指导采油工人做油水井分析

① 1两等于50克。

这些感受，越说越生气。当时，文采非常好的王乃举还写了一副对联贴在了门上，上联是"莫看毛头小伙子"，下联是"敢笑天下第一流"，横批是"闯将在此"。他还特意将闯字中的"马"写得很大，突破了"门"字的边框，寓意我们要做一匹骏马，闯出我们自己开发油田的新路子来，为祖国争光、为民族争气。

随着原油产量的上升，油田注水开发中的一些问题也相继暴露出来，油井频频发生水淹事件，势头凶猛。到了1963年，几乎一半油井遭到了水淹。在大庆石油会战指挥部的作战室里，几百名油田技术人员挤满了每一个角落。大家的表情都很凝重，石油工业部副部长康世恩同志听着油井水淹情况的汇报，一根接一根地抽着烟。听完汇报后，康世恩站起来把烟头往地上一扔，用脚狠狠一踩："开采3年，水淹一半，采收率不到5%，地下埋了颗'定时炸弹'，请你们一定要挖出来。有什么样的矛盾和问题是你们不认识的，给我提出来。"[①]当时大家一共提出了十大主要问题，我们就以"两论"为指导，以油田为试验室，开始了十大生产试验。

当时，我被分配到了观察总站。为了摸清地下油水的分布规律，我和几个调查员白天揣上窝窝头，无论刮风下雨都要到各个观察点上去观察、提取各项数据资料。晚上，为了能及时将收集到的情况反馈给领导，我们又对各个数据进行分析比较，大家画油水变化曲线、刻蜡纸油印报表，一干就是大半夜，天亮了还得去给领导发材料。有时干到下半夜，大家都饿得挺不住了。夏天，我们就弄点自己种的小白菜，蘸点酱油吃，那就是改善生活了。冬天，我们就抽空去地里捡黄豆啥的来补充粮食。有时，谁实在困得不行了，就趴

[①] 1964年，大庆油田经过3年开发，出现了油井见水过快的矛盾。当时的说法叫"注水3年，水淹一半"。为了解决这个重大的课题，康世恩同志组织油田技术干部开了43天的技术会议。他天天到会，听取技术人员的意见。但是，由于当时缺乏对地下注水后油层层间矛盾、油层内部矛盾及平面矛盾的认识，大家都拿不出好的办法。康世恩同志批评大家是"犹豫彷徨、无可奈何"，思想上是"糨糊一团、一团糨糊"。会议中间得到萨中6-13井含水上升到60%的消息时，康世恩同志提出会议停止讨论3天。他亲自带领大家逐段学习毛主席的《矛盾论》《实践论》，学习当时尚未公开发表的《人的正确思想是从哪里来的》，并用很大的字将这篇文章抄在大纸上，贴在墙上，供大家学习讨论。详见《回忆康世恩》P234。

在桌子上打个盹儿。当时虽然艰苦，但大家都很乐观，艰苦奋斗的思想深入人心。领导对我们要求也很高，要是情况反映不清楚是要受批评的。带我们的领导压力是最大的，因为干不好先批评他啊。所以，我们领导那段时间基本没有正经睡过觉。有一回，一位老同志见外面天气好了，想把我们领导的被子晒晒，打开他那个十几天都没打开过的行李，发现里面有一窝小耗崽子。当时啊，工作真是很紧张，大家都很拼命！

"糖葫芦"封隔器终于试制成功

口述人：刘文章，1930年2月出生于甘肃省酒泉县（今甘肃省酒泉市），中共党员。1953年毕业于西北工学院（现西北工业大学）石油钻井采油工程专业，1955年至1957年初被国家选派赴苏联实习，1960年6月从玉门油田调到大庆。会战初期，主持研制水力压差式封隔器（又称糖葫芦封隔器）获得成功，提出并发展了"六分四清"采油工艺，在全国推广应用。1964年获得国家技术发明奖一等奖。历任大庆油田会战指挥部工程技术室主任、采油工艺研究所所长、采油总工程师等职务。1978年至1994年期间任中国石油勘探开发科学研究院总工程师，辽河石油勘探局副局长，中国石油天然气总公司稠油开发科技领导小组副组长等职务。出版《抽油井采油经验》《稠油注蒸汽热采工程》等著作，发表科研论文27篇。曾获国家科技进步奖特等奖，被授予大庆会战科技标兵等荣誉称号。

刘文章

扫码收听会战故事

时　　间：2014年5月16日

封隔器试验开始了。我们将注水泥用胶管固定在油管上，装入套管，用手压泵加压进行扩张、耐压、弹性及密封性能试验，参加总体设计及胶筒试验的有万仁溥、赵远刚、于大运等十多个人。不出所料，问题主要是胶筒不耐高压，几个大气压就胀大，再增压就破裂，与油管连接也是难题，之后我们不断改进，可都失败了。我认为，"糖葫芦封隔器"是利用水力扩张的多级封隔器，能适应套管结构，能多级串联，有可能分成八层、十层注水，有钢卡瓦硬件卡死拔不出的危险，主要问题是如何解决胶皮筒。

1962年5月初的一天，我们正在做试验，远远看见康世恩副部长在萨尔图车站下车后沿铁路向西走来，原来他正在查看开荒地刚出苗的农田。他看见我就问封隔器试验得怎么样了，我请他看了试验过程，向他汇报胶皮筒的强度是关键，达不到要求。他说，要下定决心攻下这一关，还让我去找唐克司长想办法。临走时，他又叮嘱我，有什么困难要直接向他汇报，不要耽误。他的这把"尚方宝剑"给我们创造了决胜的条件。

第二天，我就去二号院找到了唐克司长，原来康世恩副部长已经跟他交代过了。他把一封写好的信交给我，让我拿着信去找哈尔滨市的吕其恩①市长。他们是抗战时期在太行山打游击的老战友，唐克司长请他协调让哈尔滨市橡胶厂协助研制胶皮筒。我中午就赶到了哈尔滨，吕市长约我下午两点到北方橡胶厂开会。吕市长和市化工局的领导十分热情，说大庆石油会战是全国的大事，哈尔滨要大力支援，急需的胶皮筒会全力支持。北方橡胶厂党委的王书记说，虽然厂子小、技术力量弱，但已有了一些经验。在吕市长的协调下，北方橡胶厂抽调人员组成专门车间日夜奋战，化工局全力支持原材料供应，青年技术员陈历华、张国杰等吃住在厂里，工程师于大运也常去和车间人员共同研制。每做出一批，我们就立即运回试验室进行模拟试验，反复改进。在大庆—哈尔滨两地往返中，许多人背着个大麻袋挤火车，时间一长，连火车上的列车员都主动帮忙扛麻袋挤上车。与此同时，封隔器的总体管柱设计及分层配水器的研制也在紧锣密鼓地进行。

为了模拟真实注水条件下，多级封隔器下井、扩张、密封、解封及分层

---

① 吕其恩（1911—1979），男，汉族，别名吕志恒、吕其臣、吕光军。1953年3月至1967年4月任哈尔滨市市长，兼任市政府党组书记（至1960年）。1971年11月至1979年7月任中共哈尔滨市委副书记、市革命委员会副主任。1979年7月18日因病在哈尔滨逝世。中共七大正式代表，中共八大代表，第三届全国人大代表，中共黑龙江省第二、第四届委员会委员。在哈尔滨市工作期间，在财政贸易、郊区农业、科学教育、文化艺术、体育卫生、政权建设和党的建设方面做了大量工作，被群众誉为"我们的好市长"。

刘文章（左二）与项目组一起试验封隔器橡胶筒

控制水量等情况，我们在研究所的空地上用人工推磨的方式，钻成了深度不同的7口全尺寸试验井，主井深100多米，能分出7个注水层。为此，万仁溥、王启宏等十多人付出了很多汗水。这套模拟系统不仅是一个最真实可靠的试验平台，还为以后的分层测试、分层采油、投捞式配水器、偏心配水器等技术研究创造了模拟试验条件。

  让我不能忘记的是，在试验期间，各级领导和同志们都给予了大力支持。余秋里部长不止一次地说过，我只要攻下"糖葫芦封隔器"，要月亮他也给我摘。康世恩副部长鼓励我们要一心一意搞试验，失了火也不用你们管。当时没吃的，要求每人用业余时间种一亩地，我们也不例外。焦力人局长知道后，要井下作业处张会智处长保证我们的粮菜供应，种地任务减半。宋振明在会上要求，要为封隔器试验"开红票，放绿灯"。账务处处长崔月娥对我讲，别人要花钱，一个铜板分两半花，我要多少她全给。物资处处长张振海说，我们要什么只管提出来，他让各地的采购员为我们找。

在大家都来"抬轿子"的时候，我们"坐轿子"的科研人员更感到了责任重大。为此，我动员将试验损坏的胶筒悬挂在试验室的房梁上，卧薪尝胆，全力攻关。那时，我们100多人的科研队伍，队员都很年轻，平均年龄只有25岁，我当时是32岁。大家都说，抗美援朝保家卫国没赶上，如今大庆石油会战正是报国的好机会。每天晚上10点，我们的工作间依然灯火通明。我动员大家停工睡觉，保证睡眠，可我走后，灯都亮了起来。我很担心，怕大家体力消耗太大。由于粮食不够吃，当时很多人都身体浮肿。但苍天不负有心人！经过1018次地面及试验井模拟试验，我们的"糖葫芦封隔器"及配水器于1962年10月终于获得成功！喜讯传到二号院后，康世恩副部长非常高兴，宋振明副指挥派人敲锣打鼓地送来了一头200多斤的大肥猪和两大桶豆油，全体职工欢欣鼓舞。

当时对封隔器的叫法不一，有人叫它"糖葫芦封隔器"，更多的人叫"派克"，还有人叫"分隔器"。经过唐克司长推敲，最后定为"封隔器"，表明是我国自己的发明。后来按科学机理正式将其命名为"水力压差式封隔器"，编号为475-8。

独立推导出地层测压公式"松辽法"

王德民

扫码收听会战故事

口述人：王德民，油气田开发工程专家，教授级高级工程师，中国工程院院士。1937年2月9日出生于河北省唐山市。1978年加入中国共产党。1960年从北京石油学院钻采系毕业后分配到大庆参加石油会战。1963年12月任采油工艺研究所测试大队队长，先后完成了不稳定试井方法、分层测试工艺技术及限流法压裂技术等。进入20世纪80年代后，组织开展了世界级难题——提高原油采收率研究，为油田创造了巨大的经济效益和社会效益，对世界砂岩油田开发具有重大指导意义。曾获全国科学大会奖、国家技术发明奖二等奖、国家科技进步奖特等奖、国家科技进步奖一等奖等多个奖项。2016年4月12日，国际编号为210231的小行星，被正式命名为"王德民"。

时　间：2014年7月10日

1960年9月份，我接触的测压。10月份，我发现情况不对。我越实践就越发现，我们采用的计算方法有问题，于是就开始查资料，在图书馆里能查到的书，我全查了。我干完活儿一般要晚上9点，然后我就在寝室看书，一看就到凌晨一两点，每天睡觉只有五六个小时。因为粮食不够吃，我周围得浮肿病的人非常多。王家友说："你可注意点，可别得浮肿病。"但是责任感逼迫我必须去干，万一油田的压力出问题怎么办，这个是我负责解释的，不能让人家刘兴俭负责啊。我住的地方没有太多的资料可查，我就去安达的图馆查。后来，图书馆搬到了萨尔图，有时候晚上9点多我看完了借的书，在雪地里头走去萨尔图，到那儿要晚上10点多。当时没有车，大家来回都靠两条腿走。到那儿之后，图书管理员睡着了，我就敲门，和人家解释，请人家帮忙。时间长了，只要我去，他就给我开门让我借书，就只能晚上去，因为白天我在井上没时间。我能查到的资料有俄语的和英语的，书也不是很多，用了几个月的时间我就都看完了。其间，我还补习了一下俄语，我原来英语很好，但俄语不行。但是查阅资料我又必须得看俄语原文，不能看翻译。为了恢复、提高我的俄语水平，我挤出来一切可以挤的时间来学习俄语。半年以后，我看俄语试井的书也比较容易了。

经过三四个月，看完全部的可查资料，我就开始思考，问题到底出在什么地方？我们的情况跟国外有哪些不同？我考虑，能不能用一个新的办法推算压力恢复，用恢复来解释地层参数，用地层参数推算地层压力。1961年春节前，我搞出来了这个方法。当时测的是估计值，十口井中既有8小时的又有3天的。最后看对比结果，正好是春节那天，误差是0.2个大气压，而原来的误差大概是在2~3个大气压，精度提高了十几倍。

过春节时，我做了两个大饺子。为什么要做那么大的饺子呢？因为没有时间，我着急要那个资料数据。本来春节要改善生活，给我们每人半斤面，给了点儿馅儿，能包二三十个饺子吧，可我没时间，就包成了两个"大馅饼"。我也是煮的，只是煮的时间比较长，差不多要半个小时。在1961年2月份到3月份，我就寻思着能不能改用这个方法来计算，但是我们自己说了不算，这个是由地质研究所负责，得让那些专家来说行不行。在审定会上，童宪章也介绍了自己的方法，在这之前我并不认识童宪章。审定结果是，我推荐的这个方法相对来说比较简单，误差小，资料多。童宪章也做了很多研究，但是他没那么多资料，基本上就是取别人的经验资料，而我是天天在那儿测。我的方法资料多，精度也比较高，所以专家组同意采用我的方法。这个方法是我们国家第一个地层压力测试方法，是世界上公布的第三个方法，有些人说这是一个大的突破。这个测试方法是3月份通过的，4月份正式使

独立推导出地层测压公式"松辽法"

周荣成（左一）、王德民（左二）和徐文倬（右一）研究偏心配产工具

用。大庆从4月份开始全采用这个测压方法，全国也都用这个方法，只不过有的改了一个系数。这个公式，我给它起名"松辽法"。1963年，我们国家突然要搞专利，刘兴俭同意上报，写上了我的名字，也有我们组其他人的名字。但报到地质大队，两个大队长都没让过，还批评我这是搞个人主义。刘兴俭是试井组负责人，他也受到了处罚。

"松辽法"对我而言，不只是一个方法、一个科研成果，更重要的是，它增强了我科技攻关的信心。我在学校时，学习一直比较好，在班里是第一名，成绩超出第二名很多。学习和独立创新完全是两个问题。独立创新到底行不行我不知道，得实践。在学校，老师讲授理论，我曾提出过他讲的是错的，老师很不满意。哪个对，哪个不对，是我通过学习、思考发现的，并不是老师说什么我就接受什么。这一次，我学习了半年时间，用业余时间解决了其他人没想过或者没解决的事情，这个给了我非常大的信心。我们参加大庆石油会战时讲过，这是要贡献的、奉献的、起作用的，要解决开发问题。开发是独一无二的新问题，我就是要倾尽所学、竭尽所能来解决新问题。大部分井下测压都是 8 个小时，但有的只能测 3 个小时。为了适应不同的情况，后来我又提出了"松辽Ⅰ法""松辽Ⅱ法""松辽Ⅲ法"。

在零下 40 多度的严寒里找答案

王树椿

口述人： 王树椿，教授级高级工程师。1932年8月出生于辽宁省绥中县。1965年9月加入中国共产党。1958年毕业于北京石油学院采油专业，分配到新疆石油设计院工作。1961年10月调入大庆油田建设设计研究院（当时称农垦十五场石油第五设计院），主要承担油气集输井口、管线规划与科研工作，1963年被评为设计工程师，1965年任油气集输室副主任，负责设计管理工作。历任大庆油田建设设计研究院油气集输室主任、技术室主任等，曾获中国石油天然气总公司级青年科技工作者突出贡献奖和大庆石油管理局劳动模范等荣誉称号。1995年6月从技术室管理岗位退休。

时　　间： 2014 年 7 月 24 日

1963年春天，当时会战被称为"元旦起步"，也被称作"开门红"，我背着行李步行到油建的施工工地现场，首次在中二排推广水套炉井场保温设计。经现场领导安排，我到施工二小队与工人们同吃、同住、同劳动。一次在水套炉预制过程中，我发现水套炉进出口的位置发生错位，及时向工人师傅反映了这一问题。工人师傅对照图纸进行了整改，避免了一次返工，得到队长的好评。在施工上有一个关键的地方——井口油井标高与水套炉标高必须保证设计要求的位差，工作稍有马虎，则难以保证水套炉的热水循环。在进行现场施工的过程中，我认真地逐井进行了检查、核实。有一次，我发现有两口井的标高位差不符合要求，便向工人们讲原理，他们立即进行了整改。由于我工作细致、检查到位，整个井排20多口井的保温装置投产试运时一次成功。在总结工程讲评时，该施工小队荣获一面锦旗，我也被设计院评为"施工好代表"，同时被授予推广水套炉优秀项目负责人光荣称号。同年年底，我被大庆石油会战指挥部评为油气集输设计工程师，并上报石油部备案。

1963年，当时的油井井口存在着保温房施工预制量大、油嘴经常被蜡堵等问题，上级把解决这个难题的任务交给我们院后，我们油气集输室领导决定叫我负责组织这项试验。室主任龙怀祖和主任工程师宁玉川先后向我说明了开展油井保温的重要性和必要性。领导说，之所以派我去，是因为我原来在新疆克拉玛依油田积累了一些试验经验，而且具有一定的组织能力。我们这个项目组由3个人组成，其中有一名女同志，名叫蒋益玲，她是南方人。项目组成立之后，我首先组织大家制定了试验方案和试验计划。根据实际情况，我们提出了三个试验方案：一是裸井观察，不采取任何保温方式；二是用牛毛毡给井口保温；三是利用热水盘管给采油树保温，缠绕一层石棉绳，外敷石棉灰进行保温。上述三种试验，井口均去掉保温房，油嘴采用热水保温套来解决蜡堵问题。我们计划整个试验在冬季开展，之所以考虑在冬季进行，是因为大庆冬季气温较低，低温时零下40摄氏度左右，这个季节对油井生产最不利，如果在这种条件下试验成功，那么其他季节也就可以顺利过关了。

我们首先进行了选井。经初步调查，我们决定在陈家大院水泡附近的某采油队管辖的3口油井进行试验。之所以选择该队，是因为他们的油井管理较好，欢迎我们搞科研试验，而且这个小队被大庆石油会战指挥部树为采油一厂的标杆队。油井为中压中产井，当时具有一定的代表性，它们均用水套炉进行加热保温，所以改装井口和油嘴保温均比较方便。我们将其中一口高压高产井作为裸井观察井，另外两口井作为不同形式的保温井。经过一个多月的现场施工改装，我们具备了开展试验的条件。我们小组3人进行了试验分工，我负责带加热盘管的井口保温试验井，其位置处在水泡的边

缘，无值班房，条件比较艰苦。裸井试验由蒋益玲这名女同志负责，这口井位于居民区附近，设有值班房。另外一名同志负责牛毛毡保温油井，它紧挨着我负责的那口试验井，也没有值班房。每口油井设有采油树温度、油嘴前后出油温度、水套加热炉进出口温度、盘管顶部温度等6个温度监测点。

在开展试验的过程中，我们每天要三次到井上观测温度。有一天，正赶上下大雪，就是被称为"大烟儿炮"①的那种。雪下得昏天黑地的，对面不见人，大风裹着雪，打得人睁不开眼睛，把我们那位南方的女同志都给冻哭了。我们发现后劝她回去，但她仍然坚守岗位，一直把工作做完。在试验中，出现问题最多的是我负责的那口井，时而循环不了，时而出现蜡堵现象，影响正常生产。在工人师傅们的帮助下，我们想尽办法，逐个解决了出现的故障。有一次在处理油嘴蜡堵时，油污喷溅得我满身满脸都是，当时工作服被冻得硬邦邦，我也顾不得那些，仍然坚守在现场。在场的工人师傅们给我竖大拇指，说："这小伙子，真行！"直到试验恢复正常，我才回住处换衣服，洗脸上的油污。刚进屋时，我冻得连话都说不出来，好半天才缓过神儿来。我们就是在这样的环境中坚持了整整一个冬天，现场试验取得了上千个数据。我们总结、分析，最后得出的结论是：取消井口保温房，解决油嘴蜡堵是可行的。其中效果最好的是试验方案三，方案一和方案二在气温低于零下30摄氏度时，结蜡较频繁，影响油井正常生产，取消井口保温房还存在一定的难度。而方案三存在的主要问题是，工人进行防喷管清蜡有一定的困难，还需要进一步改进试验装置。

回到设计院后，院主管科研的领导听取我们的汇报后，将试验结果向石油会战指挥部做了汇报。油田领导指示：鉴于井口保温房涉及数量较大，加之试验还存在一些问题，须经完善、改进后再考虑推广。油嘴热水保温套较

---

① 大烟儿炮，又称雪风、白毛风，是东北常见的一种天气现象。每年冬天，尤其是农历三九前后，大雪后起风的时候，风会夹杂着雪粒迅速翻滚，如烟雾腾起将视线全部淹没或是刮得天昏地暗、一片迷茫，与沙尘暴相似，东北人管这种情形叫大烟儿炮。

为成熟，可考虑在具备条件的油井上逐步推广采用。

　　我们试验组在近零下40摄氏度的环境中，工作了整整一个冬天，为的就是验证一个方案，寻找一个答案。大庆会战中有那么多的工作要做，那么多的困难要克服，所以说大庆今天的胜利真是来之不易啊！

"万里测温"是我在大庆印象最深的事

蔡升

扫码收听会战故事

口述人：蔡升，高级工程师，省部级劳动模范标兵，大庆著名的"万里测温"者。1933年11月22日出生于甘肃省兰州市。1962年加入中国共产党。1960年9月从兰州石油学校毕业后，被分配到松辽石油勘探局参加大庆石油会战，历任设计院助理研究员、室主任工程师、副院长等职务。1961年冬季，他随车百天，测得油温、风速等数据2800多个，找到了油罐车油温变化的规律，修改了原设计的原油外运的起始温度。1962—1965年被评为战区五好标兵，1964年、1965年被评为石油工业部五好标兵，1973—1975年被评为"大庆标兵"，1973年被评为"黑龙江省劳动模范标兵"。

时　　间：2014年5月15日

第一次随车测温，我和张孔法准备的东西，除了棉袄棉裤外，还有皮大衣和够5天吃的干粮。那时候吃的就是窝窝头、苞米面儿饼子，还定量，一天最多能分配一斤粮食。我们和萨尔图火车站联系，他们说车在东油库装车，我们就奔东油库去了。等跑到东油库，到那儿跟人家一说，人家说没有这趟列车，这个点没有车。没办法又折回去，回到萨尔图火车站一问，对方说这辆车已经改到让胡路火车站那边了。从萨尔图火车站到让胡路火车站得有十几公里吧，另外人家说具体几点钟记不清了，说有一趟火车可以到让胡路站停车，可以让我们坐那趟火车去。我们两个一商量，坐火车去，万一人家油库里装了油了，我们测不到刚开始装油的温度，这一趟不是白跟了吗。我俩就决定走着去吧。铁路上都铺着石头子儿，刚开始走，我就把脚脖子崴了。另外，我们还得背着那些带的东西，又怕走路被绊倒了把仪器摔了，走路得小心，就这样我们跌跌撞撞走了两个多小时才走到西油库。

我们到了西油库，刚好开闸门，车已经进去了，我们立马赶到那儿，人家也开始装油了，顶风冒雪我俩总算是测到了起始温度。测到第一个温度，这就是测温的开始了。我们每个小时测一次，看一次寒暑表；隔一点儿时间，就测一次风速。我俩上车以后，谁也没想睡觉，后来一看时间长了，我就跟张孔法说："咱们两个不能总是不睡，得轮着睡觉，要不这些天怎么能坚持下来呢？"后来我俩就轮着值班。这样就有一个问题，一到晚上测风速的时候，一个手扶着车的栏杆，一个手拿着风速仪送出去，风速仪可以不看，但是表得看，到晚上得打手电筒。一个人打手电筒就麻烦了，有时候要把手电筒固定挂在衣服上，可这个办法不方便，后来就用嘴叼着手电筒后面的那个环，借着手电筒光来看表。就这么个测法。抓栏杆的那个手不敢戴大棉手套，车一晃一颠就容易把人摔下去，干脆光着手或者戴个线手套，那真是冷啊。

上车以后人也不适应，车长告诉我们不要随便乱动。我说："那不行呀，不动的话，我们完不成任务。"我俩坐的这个车是守车，说具体点，就那么大点的空间，不足10平方米，里面有两个工具箱子，一个小炉子，还得给人家车长留个地方，我们能坐在上面打个盹儿就行。我俩饿了就啃带来的干粮，顶多放炉子上热一热，不硌牙了就吃。水是用带的小铝壶装着的，赶上喝完了，就随手抓一把下在车上的雪吃。

等车到站了以后，我们就快速跑下车，跑到油罐车上去。从车轱辘到车身大概是1.1米，油罐本身是3米，加在一起得4米多吧。油罐下面距离那上头的盖子还有一段，得爬上去掀开盖子，最后把温度计插进去，在车外头要站20多分钟。有的时候，还白跑一趟，因为可能是临时停车，还没等测呢，车就又开了，就得赶紧跑下来上守车。后来跑一趟就摸到规律了，看车到安达站换车头，就可以测温度，到哈尔滨站也可以测，就是到大一点儿的站，

"万里测温"是我在大庆印象最深的事

才能登上油罐车去测温度。

那时候冬天天冷，上面刮风，有的时候还下雪，但是必须得在油罐车上把着温度计，不把住了就测不了啊。测温度的时候，不一会儿手脚就能冻得生疼、麻木，那也得坚持到点才能把它

会战初期，蔡升随车开展"万里测温"

拔出来。温度测好后，拿出来要立马看温度，要是慢一点儿，那么冷的天，温度计显示的就不是测的那个温度了。测了两次后，我一看测的这个温度数据太少，就跟张孔法说："咱们找试验室的人商量商量，看看有没有什么招儿。"试验室的人说："可以用比例器配上铜电阻管，用干电池把这个接上，这样的话可以多装几个。"多装几个？我俩就想，得绑到人家车里，可车里装好油了，上哪儿绑去？我们左思右想，怎么解决呢？后来决定干脆带个大木头杆子，三米多高，超过了油罐上面的口，既能插进去，又能拔出来。测温度的时候，手拿着三米多长的大木头杆子，特别沉，加上电阻管啥的，总重得有七八十斤吧。后来我们在屋子里试验，一根管三根导线，装十个温度计，靠上头的用短一点儿的铜电阻管，靠底下的用长一点儿的，到时候省得那个盖儿盖不上。这样，就从一个点变成了十个点，也可以不用爬到罐顶上量去了。

第一次，火车开到大连以后，通过测量发现油罐的表面温度和在大庆时的温度不一样，表面温度都比在大庆的温度高一点儿。用这个东西也碰到了点麻烦。在哈尔滨站，打开一量，不好使了！我们也没再多量就下去看了，从守车一直查到油罐车，中间有个隔离车，电线让人家弄断了，弄断了7根。

我们俩一商量，这咋办，还得接上呀，反正到站停车，张孔法比我个子高，但是近视戴眼镜，我那时候个子小也灵巧。我说："我上隔离车上接线，你在守车上看着，我哪根线接对了，你就喊一声，我对好了再接别的。"就这样，我们经过了好几个站才把这些断了的线接好，接好了以后正要缠胶布的时候，车就要开了。我当时特别着急，要是不缠上胶布不就等于白接了吗。没办法，我抓紧时间，趁车刚动弹这工夫赶快缠，缠好后赶紧跳下车，飞快往守车上跑，慢了上不去丢下了我就剩他自己了，那可就坏事儿了！我跑到守车后，抓着栏杆就往上上，张孔法在守车车门那儿等着呢，抓住我的手往上拽我。谢天谢地，终于上去了，我长舒了一口气。

"万里测温"是我在大庆印象最深的事

我为降凝剂的研制做了贡献

口述人：莫定江，1935年5月出生于广东省阳江市。1953年考入广州中山大学化学系，1957年毕业后分配到石油部石油炼制研究所筹建处。1963年11月从北京石油化工研究院调入大庆参加石油会战。在大庆炼油科研一线工作了21年，1984年调到中国海洋石油公司工作。科研成果丰硕，解决诸多技术难题，曾荣获"国家科技进步奖三等奖"。

莫定江

时　间：2014年11月27日

扫码收听会战故事

农用柴油研制成功以后，石油部又下了新任务。北京研究院说现在"备战备荒"[①]，东北的润滑油一到冬天就冻，车就得烤油底，那可不行。因为之前这个润滑油降凝剂是用从东南亚进口的椰子油做的，但打起仗来以后东南亚的椰子油还能进来吗？所以根据当时的形势，出于"备战备荒"的需要，国家让我们用国产椰子油来做军用降凝剂。当时上海炼油厂生产的是用进口椰子油做原料的高碳醇，椰子油是原料，把它变成醇，添加剂叫"602"。

"备战备荒"这个任务下到大庆炼厂研究院。我当时在研究院负责这个工作，我们就用石蜡氧化加清醇来代替降凝剂，也取之于石油嘛。从小试到中

---

① 在20世纪六七十年代，"备战、备荒、为人民"的口号在中国家喻户晓。无论是大喇叭广播，还是遍布城乡的标语口号，到处都能见到这七个大字。在《毛主席语录》当中，这句话是当时引用最多、传播最广的一句。"备战、备荒、为人民"这一口号的提出，与新中国第三个五年计划的编制有着直接的联系。时任国家计划委员会第一副主任兼秘书长的余秋里见证了这个口号从提出、形成到叫响全国的全过程。

试放大都是在上海炼油厂完成的,中试放大完了,石油部便在牡丹江开了一个鉴定会,鉴定会通过后在牡丹江化工六厂投入生产了。这个成果也获得了当时化工部的一等奖,生产的时候我也去了,到现在都还在生产。

润滑油降凝剂是解决了,可柴油的降凝剂还没解决,-35号柴油[①]也需要加一种降凝剂。降凝剂那时候外国有生产,国内北京也有生产,但是国内生产的要经过大面积使用才敢用,因为国防上-35号柴油是坦克柴油,冬天没有这个油不行。当时林业部在原始森林拉木头都得冬天进山,因为夏天下雨没有路了,都是泥地。等到冬季三九天地冻了的时候,卡车才能进山把木头拉出来,但是得研究出柴油的降凝剂。于是林业部就要我们解决这个关键问题。

部队要解决-35号柴油的问题,林业部要解决卡车冬天进山的问题,还有农垦部也要解决冬天拖拉机的问题,于是农垦部、林业部,还有石油部联合发文,要搞这个柴油降凝剂试验。这样我就被抽出来搞这个试验。小试完了以后,就进行中试,然后扩大生产,最后要鉴定,即大面积试油试验。大面积试油试验得找极端气温,于是和中央气象台联系,问什么地方冬天三九天气温能到零下50摄氏度。他们说可以到内蒙古自治区的牙克石管理局[②],再往北走,快到伊图里河那边,就有零下52摄氏度。

我们就跑到牙克石市北边去做试验,零下50摄氏度啊,我是带队的。当时有部队的3个拉炮车,部队出司机、检验员,当然他们还有润滑油试验员。试验完了,我们回到天津油料研究所,把缸套、活塞拆出来精密测量,看油用得怎么样,会不会损坏设备,能不能用。他们出鉴定结果,我负责跟地方联系。出现问题的情况也有,有一台车半路抛锚了,说油供不了了,怎么办呢?后来说,油箱里的油没出来。别的车没有这个问题,怎么这个车就有了?

---

① 柴油编号代表了其抗凝性,一般情况下过去按凝固点气温来表明,如-35号柴油,表明它适用于-35℃低温寒冷气候,能保证柴油在气温-30℃左右的东北地区不凝冻。

② 20世纪50年代至70年代,直属于森林工业部的国有大兴安岭林区各林业局的森林工业管理局设在牙克石市,其中"文革"期间,牙克石市由内蒙古自治区划归黑龙江省领导,后又划给内蒙古自治区。牙克石市位于滨洲铁路线上,齐齐哈尔和海拉尔之间,交通便利。

20世纪70年代建设，坐落于卧里屯的大庆石油化工总厂

我就深入那个车间去了解，修理厂说，这台车的油箱焊接过，漏油，最后用水来试漏，不漏了再装上去。那个水要是没倒净，冬天一冻就会堵住油管，柴油管很细，可能是这个原因。后来把那台车的油箱拆了，用火烤，把水都控干了，重新装上油就没事了。要是有一台车油路不通，那这个试验就失败了。通过处理这个事，我就和他们协商要重新把油箱加热，烤干了把水控净再接上油管。就这么精密，有一点儿水都不行。

在牙克石市做试验时，我穿的是翻毛皮裤子、翻毛皮衣，再戴个大狗皮帽子，在零下50摄氏度的天气里走路浑身是汗。在那地方住的也是房子，房子有暖气，因为林业局长期有人住在那工作，所以有暖气。他们冬天拉木头可辛苦了，要是没这个油，他们就老得烤油底壳，加上我们的试验油也不要钱，白送给他们，所以他们挺欢迎我们的。条件是很艰苦的，但他们当地工人也是那样干的，所以我们也干。后来试验成功了，开了鉴定会，在化工部还得了个一等奖。我们大庆的厂长杨久礼说："老莫，我们按你这个方案生产–30号柴油，效益比较好。"化工部也给我申请了一个国家科技进步奖三等奖，给了我个证书和纪念册。那时候奖金少，就几百块钱，我调到南海西部石油公司后，大庆炼油厂才给我寄过去。虽然只是一个三等奖，但是在我之前大庆可没有，我是头一个。昨天我还在网上看，大庆石化总厂还在生产这个 –30 号柴油，效益还不错。

我研究这个东西都是因为北方天气冷，要解决降凝问题，大庆原油含蜡高，凝固点高，所以解决这个问题比较困难。这个研究从小试研究开始，小试完成，化验都合格了，然后大面积推广试验，一定要走这个步骤。最后才变成效益，才能大面积使用。在零下 50 摄氏度的环境都能用了，零下 30 摄氏度的就更没问题了。

虽然我后来回到了南方的石油企业，但在大庆的过往历历在目。当年在大庆的苦啊，还有战胜困难的大庆精神，我都要好好铭记，并把这种精神传给建设大庆的接班人。

铁人和科技工作者一起搞攻关

口述人：王仲荣，1935年9月出生于陕西省西安市，中国民主建国会会员。1960年9月从新疆克拉玛依油田调入大庆参加石油会战，先后担任会战指挥部"双革"办公室技术员、钻井指挥部技术员等职务。

时　间：2014年9月2日

王仲荣

　　我是学钻井的，到1203队工作的半年里和工人一起干活儿。我回机关后又被调到钻井指挥部，成了钻井的人。调到钻井指挥部后，我在钻井指挥部的"双革"办公室生产科工作，生产科里头有个"双革组"，那时候生产科有调动组、生产组、搬家组，还有个管井组，还有就是做报表的，整个队的生产就由生产科来管。

　　王进喜和我是一个单位的，他在二大队当队长，我在三大队当技术员。说起王进喜，我和他接触挺多的，后来筹建铁人展馆我被抽调过去当了文物征集组的组长。我把王进喜留下来的书、日记本、衣服、帽子、摩托车，还有他喜爱的一个烟袋锅、一个扳手，还有军大衣这些东西征集来了。王进喜在大庆会战中艰苦奋斗，吃大苦耐大劳，这是一个阶段。后来又有个阶段他开始抓科技了，就是要用科学技术提高钻井的水平，提高钻井速度，所以我就想起铁人当时在革命攻关队当队长这件事了。那时候我管科技，属于"四大革命攻关队"成员，所以我知道这个事。什么是"四大革命攻关队"？1965年在奔腾草原召开了"会战向科学进军"的大会，确立了现在提倡的大庆要靠科学技术谋发展这个思想。我们钻井指挥部响应会战工委的号召，成立"四大革命攻关队",队长是王进喜,就是这时候王进喜开始抓科技了。什么叫"四大革命"?就是"设备要革命,技术要革命,工艺要革命,工具要革命"。当时的钻井实力还比较弱,设备都是从苏联进口的,咱们国家自己造不了,苏联进口的钻机,最多能打3500米。全国最深的松基六井要打5000米,所以这个设

向5000米深度钻进的松基六井

备,负荷太大,承受不了,那就又改造,井架要加固,底座要加固,游动系统要改造,游动系统原来是滑动五个轮填充六个轮,即"5乘6",后又改成"6乘7",增加了一个轮。在设备方面,五部柴油机的力量不够,咋办呢?就改成电动发动机,也就是250千瓦的电动机三台,这样的话两个带泵一个带小车,小车也就是钻机。

再就是井加深以后,原先的钻头钻不动,后来就搞粉末冶金,搞人造金刚石,用人造金刚石造钻头,起个名字叫"西瓜皮"。为啥叫"西瓜皮"呢,因为那钻头就像个西瓜一样,光秃秃的,然后在它上面镶了好多金刚石。金刚石硬啊,所以起个名字叫"西瓜皮",就是研磨型钻头。还有就是钻井速度

铁人和科技工作者一起搞攻关

要提高，钻井的工具要改造，像双接头、悬绳器，都搞出来了。

松基六井加深以后，测井小车原来能测到3000米，后来能测到4000米，结果测井仪器的绞车由于太重了，车头翘起来了，这样车就要晃动了，咋办？又得改，就把这个绞车放到"太拖拉斯"大卡车上。"太拖拉斯"是捷克产品，那时候在大庆很缺，这个要改造的话又要我找二号院。到二号院会战指挥部后我把事情说了，指挥部给我写个条子，我拿着条子找运输指挥部，就是当时管运输的。会战指挥部的条子可管用了，运输指挥一看那个条子，马上就同意给我派"太拖拉斯"，后来把小车装到"太拖拉斯"上，这样的问题解决了。

王进喜在搞"四大革命攻关"的时候，还没有忘记老工人，他把这些要退休的老工人组织起来成立了一个"老头攻关队"，让他们发挥余热，搞冷拔机，把报废的钢丝做成弹簧，然后做成钢丝床送到医院给病号住。"老头攻关队"取得了好多成果。王进喜当选中共中央委员以后，我在"五七干校"[①]一连当副连长，有一次王进喜做完报告后，看见我了。因为我们都挺熟的，他就跟我说，原来上井架有梯子，后来搞个电梯，人不爬梯子了，坐上后"嗖"一下就上去了，但后来没人管，坏了。工人用这个电梯上井架挺省劲儿的，问我有什么办法没有，我说我想想吧。后来我为这事儿专门去了一趟大连，因为搞这个的时候是跟大连一个厂合作的。这事能体现出他爱护工人。

我做的工作中，很重要的一项是把物探地震探头改造了一下。我设计了新的地震钻头，把钻井用的钻头技术用到地震上，这个钻头一方面提高了速度，节约了时间，另一方面也降低了成本。我的这个改造还得了技术革新成果奖，发了奖金。还有一项就是震源弹，震源弹过去用的是硝酸铵炸药，装到塑料袋里去。井打完以后下炸药可费事了，塑料袋子软乎乎的，下不去，就得拿棍子捅，非常容易捅破。我一看这个情况就想到了测井，我就把射孔弹的技术用到地震钻井上，这样改造以后钻头变小了，井打得快了。我这个

[①] 五七干校是指在"文革"期间，按照当时中央要求，让干部接受贫下中农再教育，将党政机关干部、科技人员和大专院校教师等下放到农村，进行劳动的场所。

震源弹直径小了，原来直径是"150"，改成了"120"。炸药是"80"，装到塑料壳里，这样很顺利地就下去了，而且能量也大，所以叫"双高"，即高频、高爆力。这样地震采集的质量也提高了，这个项目也得奖了。这里的地震指的是人工地震，地震波一层一层往下传，遇到不同的地层反射的波不一样。地震仪器接收到这个波以后，我们就知道哪里有油哪里没油了。

王铁人关心的不是小发明而是大问题

口述人：潘景为，1932年出生于北京市，祖籍辽宁省铁岭市，中共党员。1949年12月参加工作，曾任燃料工业部办公厅文书科办事员。1956年8月考入北京石油学院石油地质系，1960年4月5日以实习生身份赴大庆参加石油大会战。会战期间先后担任32139钻井队地质实习员、油田地质指挥所油层对比大队技术员等。

时　　间：2013年12月1日

今天我给你们讲一个关于王铁人关心科研的小故事，这个过去你们大概接触得少一些。王铁人关心科研，他关心的不是小发明而是大问题。钻机打井，打完以后有好多事情要做，先要固井，固完井要射孔，射完孔，安了采油树或者其他井口装置以后，井架才能搬到别处去。咱们油田当时也就四十几个井队吧，不可能一下子布置几百口井，每一口井一个井架，都是一个井队一个井队的换，所以，就要提高进尺速度。井架在前一个井位立的时间不能太长，如果井架在这十天，井也打不完，一个月就占去三分之一了，怎么可能一个月"四开四完"呢？除了钻井以外，测井人员也要用这个井架测井，有时也要用这个井架射孔。射孔不能乱射，射偏了不行，得射准油层。套管下进去了以后，比如我这口井打了18层，18层每个射孔密度是多少，在多深的位置去射，这个靠谁呢？就靠我们这个油层对比室。

测井队下去测井，测完以后把测井图拿上来。测井队把这个图绘解出来，

王进喜拜机关干部为师学习文化，钻研钻井技术

然后送到我们地质指挥所[①]的油层对比大队，让我们去对比。这个油层是萨尔图第一层或者萨尔图第十二层，在什么位置，由我们地质指挥所确定，然后确定层位射几个孔，它的密度是多大。但是，这个研究的时间不能过长，所以给我们规定 8 个小时内必须完成，也就是从绘解师送来图到我们交出射孔层位的时间不能超出 8 个小时。我们把研究结果给专门搞射孔的，他就按这个结果射孔，射开了如果没有油层，那就是我们的责任，如果射得不准，那是他们的责任。

后来王铁人觉得不行，我们一下子就占了 8 个小时，那他们怎么加快钻井速度呢？他就找到我们对比室，亲自和我们负责这项工作的技术干部座谈。他说："你们认真地实践，我们得支持，但是能不能缩短时间，效率提高一点儿，有一个紧迫感？有了紧迫感，你们只要缩短一小时，就能帮我们抢出几天的时间来。"改革开放初期，深圳讲"时间就是金钱，效率就是生命"，那个时候没有这个说法。不过，王铁人也讲了时间要缩短，抢先一步，就能早

王铁人关心的不是小发明而是大问题

[①] 地质指挥所即大庆油田勘探设计研究院的前身。

日把石油落后的帽子甩到太平洋里去。王铁人看上去是个大老粗，实际上他很细心，给我们做思想工作，我觉得他很重视科研。座谈以后，王铁人走了。他是英雄啊、劳模啊，又是工委的委员，他等于是给我们下任务了，我们怎么办？所以，我们就非常重视，地质指挥所的指挥，油田的总工程师、总地质师都跟我们一起讨论能不能缩短这个时间。当时，我们提出5个小时大概对比完一口井，从绘解师送来了一口井的图到我们给出射孔层位来，这个过程要5个小时。油层对比是个挺复杂的技术，但怎么提高速度呢？就是不管什么时间，白天来图白天干，晚上来图晚上干。最后，我们经过研究，决定集体绘图、集体讨论，以加快对比速度，把对比时间缩短到了3个小时。这里面还有一个小笑话。现在我们油田总工程师袁庆峰[①]的爱人叫马富士，大家伙都叫她马师傅。当时，大家住在集体宿舍，他们女同事在一起住。她晚上做梦，大家问她："马师傅，你做梦梦着什么了？"她说："我做梦梦到送图了，咱们赶快的，别没有人去送！"就是紧张到那种程度。

从8个小时缩短到5个小时再到3个小时，真不容易！所以，后来铁人又来到我们地质指挥所，说感谢我们这些技术人员，真是帮了他们大忙了，给他们抢出来了5个小时，5个小时他们就可以打半口井了。我们听了特别高兴，更加保证了他们的效率。当时，我们的钻井队像1205、1202这些功勋钻井队，还有段兴枝的1206钻井队，都实现了"六开五完"或是"五开四完"，我们的钻井速度远远地超过了苏联的功勋钻井队。取得这样的成绩，除了钻井的速度加快以外，还跟各单位包括我们科研单位的配合是分不开的。

怎么搞科研？当时油田给我们树立了一个思想叫面向生产。研究工作要深入火红的会战实践当中，要面向生产、面向工人、面向实际。所以，这件事对我们这些搞科研工作的人员来说是一次很深刻的教育。

[①] 袁庆峰，男，1934年7月出生于河北省唐山市。1957年毕业于北京石油学院钻采系采油专业。先后在玉门矿务局设计院开发室，石油工业部石油科学研究院采油室，松辽油田地质指挥所，大庆油田勘探开发研究院流体室、规划室工作。1960年4月调来大庆参加石油大会战。

干一行就要钻一行、精一行

口述人：杨玉元，1938年5月出生于甘肃省永昌县。1955年在玉门参加工作，1956年加入中国共产党。1960年随铁人王进喜来大庆油田参加石油会战，任钻井指挥部司钻。1965年后，先后任钻井指挥部二大队钻修班班长、站长。1974年7月后，先后任钻井二公司机动科干事、副科长、科长。所在科室荣获黑龙江省先进单位、大庆机械系统标兵单位等荣誉。1993年6月退休。

杨玉元

时　　间：2014年6月11日

我还有个特点，干什么就悟什么，师傅让干什么，我就很听话地跑过去，师傅不让干就站在那儿看，看人家怎么干的。我干的工种还真不少，我没参加工作之前，学了两年木工，1955年到玉门就参加了钻井，那时候不懂什么叫钻井，什么叫工业。当钻工的时候，我连扳手的尺码都不认识。看师傅拿着扳手在哪个地方用，才明白原来是在那个地方用的，干了一段时间就都知道了。我学东西，就是弄坏了也得把它弄明白了，各个工序明白了、熟悉了，干活儿就方便了。铁人看中我的也许就是这一点吧。

1963年年底，我回家探亲。从兰州上车一直到北京没有座位，站到北京后下车了，才感觉大腿怎么这么疼啊。一摸大腿，有一个小拇指粗的瘤子。我到协和医院门诊去看，人家说这是精索静脉曲张，是心情急躁还有疲劳造成的，吃点药血管通了就好了。可回到大庆就住院了，在医院把这个血管掐断了。但是这个病老犯，干活儿稍微累一些就犯，干起活儿来腿疼得走也走

不成，拖拖拉拉一年多才正常了。

我生病期间，调来了一个司钻顶替我。手术完后我跟着上了两个班叫铁人看见了。他说："你干什么？"我说："我上班。"铁人反问我："你能上班吗？"我说："不上班待在家里着急，我干点轻活儿吧！"铁人说："行了，别在这上班了，明天到保养站找王站长，把你安排在仪表组，修井上的仪表。到那儿缓解一段时间，病好了再回队上。"我想想，铁人这样安排也好，我就到保养站仪表组了。修仪表对我来说很容易，因为都是我们井上用的，司钻整天就是看着那个玩意儿。

我开始跟着刘师傅学，那时候刘师傅快50岁的人了，往野外跑也挺累的。我说："以后上井的事我去干，你就给我讲讲怎么弄。"大的道理我还懂，因为司钻管着这些。就这样跑了一段时间后，我发现这个活儿太轻巧了，我想自己年纪轻轻的干这活儿，那是啥名堂啊！后来又来了一台钻床，我就跟铁人说："上井修仪表我也修，这台钻床我也想管，我想多学一门技术。"铁人说："行啦！"我说："你咋不让我干工作啊？"他一听我坚持就说："那好吧，钻床就放在你那房子里。"就这样，仪表我也修，钻床工我也干。钻床是沈阳生产的，打眼儿用的，钻孔最大直径是25毫米。我就把说明书找来，他们就跟我讲这一部分是干啥用的，那一部分是干啥用的，速度怎么调整。我就开始学了，摸索着学会了一门新技术。

那时候有个倪志福[1]，是钻床标兵人物。他钻的那个是铸铁，大帐篷门口撂的大管子是铸铁的，钻头钻那个铸铁相当费劲，一钻钻不通就把钻头烧掉了。钻头钻铸铁这个难关就是倪志福攻克的，那时候全国都学倪志福，苏联的钻头专家也来到中国学习。我就看着那个钻床，开始跟着样板钻头学怎么磨。到后来，一般的钻工活儿我都可以胜任，虽然技术没有像倪志福那么硬。

---

[1] 倪志福（1933—2013），上海市人。1958年10月加入中国共产党。1953年创造三尖七刃麻花钻，被称为"倪志福钻头"，大大提高了钻头的性能，在国内外切削界引起重大反响，倪志福赴东欧表演群钻时引起了轰动。1959年出席全国群英会，被授予"全国先进生产者"称号。1965年获国家科委颁发的"倪志福钻头"发明证书，撰写《倪志福钻头》《群钻的实践与认识》《群钻》等著作。

这个岗位我干了一年，我就又琢磨了，我是干钻井的，还是离不开钻井，我还要上钻井啊。1964年，各部门开始"高度集中"，机修一路的全归机修管辖，钻井归钻井管辖，房建归房建管辖，不在一个指挥部里统一管理了。归完类后我就找铁人，说："王队长，这归完类是不是就让我回队了？"王队长说："哎呀！回什么队啊，人家削尖脑瓜

1959年10月，共产党员、青年钳工倪志福在工作中

出井队呢，你傻乎乎回井队干啥？"我说："咱不就是干钻井的吗？"铁人就安排我到钻修班当班长，我从1965年以后到钻修班，一直干到进机关。

我在钻修班里当班长，大概有一个礼拜吧，井上变速箱的齿轮扭掉了，换一个新的以后挂不上挡。我和老班长说："王师傅，您今天也别去了！给我配上个人帮我一下就行，今天这活儿我来干！"我们老班长说："你能干吗？"我说："没有问题！我连看带干差不多了，这个步骤我已经弄会了！"他说："行，那你就去干吧！"我到井上检查后就开始干，最后真干成了。

有一回修八字齿轮，我用榔头砸齿轮上的铁接头，当时感觉手一麻，一看自己还没有伤，怎么胳膊还发麻呢？我一拨拉，哦，胳膊上一个口子，我想这是铁屑钻进去了。我想找点东西包上，就拿井上包电线用的胶布把胳膊

缠上，再把八字齿轮换上，后来到卫生所找陈所长。陈所长一看说："你这个小子啊，铁屑都钻进肉里去了，你怎么还坚持？"我说："没办法啊！井队停着呢，我得把活儿干完啊！"他就用镊子夹，结果夹出来一条3厘米长、2厘米宽的铁条子，难怪我的胳膊一下麻掉了呢。

受伤后，我就一直想着要造一个工具，这个工具就是拨齿轮的千斤，就像起红酒的那种工具。说干就干，我找了一块大钢板，车了一个"碗儿"，套在八字齿轮上正好合适，中间套住这么一圈，两头弄两个螺孔，再把钢板穿上，后面做一个架子，往水平柱上一套，螺丝就把齿轮定住了。王师傅说："那么狭窄的底座能下去吗？"我说："把那个钢板挖个弧，等两板下去我再把螺丝穿上，不就成一体了吗！"他说："那就试一试吧！"我一试成功了，拨出来了！他们说："杨师傅这个方法挺好的，以后拨齿轮不费劲了，也不怕铁屑子崩人了！"这是我在钻机修理上干的第一件事，算是一个小发明创新吧。

我们石油工人的艰苦生活

口述人： 秦永春，1937年6月出生于山西省高平县（今山西省高平市）西韩村。1966年1月加入中国共产党。1963年9月从西安石油学院毕业分配到大庆参加石油会战，任采油指挥部井下作业处三选大队1249队实习技术员。1966年4月调工业研究所综合组任技术员、研究二室主任。1966年后历任第二采油指挥部政治部干事、办公室主任、一大队43队指导员、政治部副主任以及采油二厂宣传部部长、副厂长、工会主席等职务。1997年7月退休。

秦永春

时　间： 2013年11月26日

扫码收听会战故事

当时我们职工的生活是非常艰苦的。我毕业刚到大庆时，住在帐篷里，夏天帐篷里成水池了，水深着呢，还长着很高的草，黄色的小蛤蟆在屋里乱跳。没办法，我们就在地上通个管排水。帐篷里特别潮，潮我倒不怕，就是怕书潮，没有办法，找砖头找不着，找木头块儿也没有，怎么办呢？用芦苇拧在一起，然后把书放在上面。后来我们就自己搭干打垒。当时，每天早晨5点半开始干到7点半，干打垒墙框架就弄完了，然后我们去上班，专业队伍就来上房梁、上窗户。晚上我们回来后，打羊草往干打垒房顶上铺，干打垒就完成了，一天一栋。

我们家当时住在丰收四村，油田最北的地方。那儿连床都没有，把木头板放在砖柱子上面，就当床了。上班也没有通勤车，都是坐交通车。那会儿，我从二厂到井下作业处，比上哈尔滨还远。先坐1路车到大医院，再倒3路

车到井下作业处。当时,晚上如果想下班回家,要从中午12点走,7点才能到。所以我不能天天回家,就一个礼拜回去一次。早上,我爱人把孩子送到托儿所,然后出去干活儿。吃得也不好,一天就是大碴子、高粱米、发面饼子,有时候十天能吃一顿馒头。等到吃馒头的那一天,人不管到哪儿去,如果来不了的,都让别人给代领回去。那时候菜只有白菜、粉条、萝卜、土豆,没有豆油,也没有猪肉,一年四季就这些,吃点豆腐都觉得了不得,只是勉强能吃饱肚子。我那时候特别能吃,一顿吃很多。大庆的农场生产大豆、土豆、白菜,我们倒班时还得种地。当时,单位都安排大家种地,改善职工生活。我们就到黑鱼泡去种地,3个人一组,一个挖垄的,一个垫锄头的,一个用铁铲的,有的人把壶都弄丢了。干到中午后吃饭,吃了饭下午再接着干。为什么我们这帮人身体比较好呢,都是锻炼出来的。我们那时比赛呀,结果有的人累得都提不动锄头了。他挖、他垫、他踹,3个人一组,一人一垄。这些老会战,精神可嘉啊!

说条件艰苦,还有一件不太好的事。当时,我几乎每天早上都要抓身上的虱子。真是太脏了啊,生活条件不好,顾不上洗澡,就长虱子了。有一次,我下了夜班,回来就睡着了。迷迷糊糊地听见别人上早班,在我旁边睡的那人起来大声喊:"这是谁身上的虱子啊,这么多!"我知道我身上的虱子多,他挨我睡觉,这虱子一定是我身上的。我就捂着脑袋瓜,不敢露面,太丢脸了!那人看到我这样,就说:"谁不长虱子啊!"后来我们去医院检查,医生说:"你们太脏了,都长虱子了,以后必须勤洗澡、洗衣服。一个月必须洗一次衣服,十天必须洗一次澡。"那时候要是能有照片留到现在,得多宝贵啊!衣服脏脏的,脸上黑黑的,头发油油的。一个月洗上一次澡,洗澡理发都不要钱。

我们每天都特别忙,6点半吃晚饭,7点开会,开完了回去有时候会像部队一样拉歌,唱十分钟歌。"一班来一个""二班来一个""三班来一个"。唱完歌再写十分钟的仿宋字,练习仿宋字是为了填报表。那时候的工作,一人发个小本,练仿宋字,练完了就开会,开会以后分组讨论,分组讨论完以

会战初期的"地窝子"

后就一帮一。晚上10点多熄灯了，可大家都不回家，一般10天才回一趟家。我当时的工资是一个月65块钱，给老家的老母亲寄10块钱。我吃在单位、住在单位，留20块钱，剩下的35块钱是给家里五个孩子的。不管怎么样，家里每个月必须存5块钱。留5块钱干啥呢？万一谁生病呢，住院呢。家里真的不够了，就管单位借，借10块、20块，就这么过了10多年。那个年代，我的孩子每个都长得不像样，都是吃土豆长大的，还能长什么样。

那时我刚刚大学毕业，住在井下作业处，晚上下班没事，约同学到登峰村散步。当时天也有点黑了，看不太清楚，发现前面有个土包，大家就都走上去玩。突然从土包里钻出一个人，大声喊："哎，干什么的？干什么的呀？"原来土包子是工人的家。那儿的工人在土包下面挖的地窖，上面有一片草铺，盖两张油粘纸，那是人家屋子，就这么1米多高还有一块玻璃，有点灯光。房子玻璃没有窗户框，这小包跟土坟似的，就住人了。你看，我们的工人多么能吃苦，很能将就啊。艰苦的生活更锻炼了他们的坚强意志，就是在这样

的生活条件下，我们也要工作，要搞石油。这不就是大庆精神铁人精神在工作生活中的具体体现嘛！

上面就是我参加会战的一些情况。其实我的感慨有很多，尤其是参加"101、444"会战[①]，那是我最难忘的经历。在那次会战中，虽然我只参加了五六口井的试验工作，但对我个人的锻炼让我受益终生。我大学毕业就到油田工作，一直到退休，心里毫无怨言，就是愿意这么做，愿意为油田干一辈子。

[①] 1964年10月会战工委决定，在全油田范围内推广分层注水技术，组织井下作业职工在101口注水井上进行施工，把这些井分成444个层段，然后分层注水。当时将这一施工任务称为"101、444"会战。详见《大庆油田企业文化辞典（60年）》P110~P111。

"火线整风"给思想"擦锈"

口述人： 彭乡荣，1939年7月出生于四川省德阳市。1954年12月参军入朝，1955年12月回国，1958年12月加入中国共产党。1960年3月转业到大庆参加石油大会战，先后在油建公司指挥部党办、《大庆战报》社、油建公司宣传科、油建技工学校等单位、部门工作，担任过秘书、记者、科长、校长等职。1999年退休。

时　间： 2013年11月14日

彭乡荣

大庆石油会战是在极其困难的条件下开展的一场会战，不仅因为三年自然灾害，还有给苏联还账的因素。我们到了哈尔滨以后，说还要往北走，到了巴彦县，晚上12点在当地的小学校住下了。当地的水碱性太大，毛巾一放到水中就变黄了。半个月后，我们出发去了安达。到的那天，下着大雪，来了一辆敞篷车，把我们拉到了高台子，当时叫肇州县联合乡。为了配合"挥师北上"，我们要去修路，从大同到萨尔图，就是现在大同路口到油田总医院这段路，计划是半年完成，但我们只用了两个月零七天，4月7日开始，6月14日就结束了。我们来的时候没落户口，没粮食供应，吃的粗粮就是高粱米、苞米面，菜就是农民家的大葱蘸大酱。我们修完第一段以后，就到兴隆牧场开始修第二段。当时的艰苦程度比我们想象得还要大，蚊子特别多，还有牛虻。没水喝，就喝挖坑后渗出的水，用小碗喝，水很苦很涩，喝了还拉肚子。修路的工作量特别大，5个人一组，一天要抬28立方米土，3

扫码收听会战故事

1962年12月26日,《战报》全文刊发李国昌的文章《可爱的大油田》,并配发评论《致读者——好好读一读这篇文章》

个人挖土,两个人抬。风也大,崔海天副经理[1]就经常说:"大庆是风吹石子跑,对象不好找。"

修完路后我就到了油建,1960年7月4日成立了油建公司,当时叫"农垦四场",一年后改为"油建指挥部",地址在文化村。油建当时有三个大队,一、二大队和冬防大队。到油建后我们住的是板房,板房的缝大,晚上能看到星星。一下雨,外面大下,屋里小下,外面小下,屋里滴答。鞋子、脸盆都漂起来了,青蛙也跳上床了。下雨时我们还得站起来,因为站着比躺着面积小一些,不容易被雨淋湿。板房里臭虫还多,一串一串的,满板房里跑,真不知道那时是怎么过来的。下午3点以后不敢上厕所,因为蚊子太多。我在一大队劳动的时候,有一个女电焊工,她焊完614管线一道口后一看,身边烤死的蚊子有一寸厚。当时每天下班以后还要夜战,不是抬管子就是背砖。背砖是把砖放在一个木板上,用绳子套到身上。抬管子,一个人的定量是4根儿,管子4人抬太轻,4个人要抬16根,不划算。2人抬又太重,虽然只要8根,但很不好抬。我记得有一次从天桥背砖到文化村,每个人要完成400块砖。有人验收,坏的还不行,有人记账,

---

[1] 1960年成立油建公司,领导称"经理",1961年改成油建指挥部,领导称"指挥",油建公司当时对外的称呼是"农垦四场"。

有的人背到下半夜一两点。1960年有句口号，叫"大雨大干，小雨铁干，不下雨一天顶三天，下再大也得干"。还有一句口号是"北风当电扇，大雪是炒面，天南海北来会战，誓夺头号大油田。干！干！干！"，还有"石油工人一声吼，地球也要抖三抖"。这样的口号很多。我还写了一首《新石油工人的誓言》，1960年5月1日在《吉林日报》发表。1962年李国昌来大庆之后写了一篇《可爱的大油田》，我说他一篇稿子稳住了军心，之后李国昌就调到《战报》去了。当时，大家都不愿意当干部，干部和工人一样干，而且干部要带头干，吃的还少。三大队有个叫蔡永华的教导员说："当官不发财，定量掉下来，两腿都跑细，批评不少挨。"

1960年的秋天，我带的一个排共57个人，一晚上跑了37个人！他们什么都不要了，行李也没带。第二天早晨我发现少了这么多人，才知道是走了。前几天还有人来让我开证明，都是老战友了，他们偷跑回去以后就当农民了，手续没了，档案也没了，找回来档案的还能拿到一千多块的退休金。当时他们为啥跑呢？一是吃不饱。在部队每月的定量是48斤，现在是35斤，早上一个馒头一碗粥，中午和晚上两个馒头一碗粥。二是劳动强度太大。我有一个战友叫田玉松，脱土坯一天要脱两千块，自己和泥，手工用模子干。我看到他，他都没时间跟我说话，怕干不完。三是工作时间长，睡眠不足。当时每天4点起床，一直要干到晚上10点多，不夜战的时候就学习，学《战报》什么的，15天休息一次，晚上还得学习去，困得受不了啊。因为跑的人太多，就开始"火线整风"了，要给思想"擦锈"。当时有十几个转业兵，在油建公司会议室门口贴了一张大字报："转业来油田，上级把人骗，说是好地方，实是大草滩……"内容挺长的。这可不得了，在整风期间，他们被当成反面典型了。后来开大会批判他们，给他们思想"擦锈"。当时还批判我呢，说我嗓门大，有军阀作风。当时陈烈民是政治部主任，他要求工作一天干完。有的工人说："一天能干完，驴子上电杆。"干什么活儿我记不清了。那时我没有要逃跑的念头，我当年参军走时在民兵排，没入上团，我就发誓，我要入上党才回来。我1956年在部队入团了，还当了团支部副书记，1958年12月8日入了党。但我没想过回家，我想不管怎样在大庆还能吃到23斤粮，不能回去。

「火线整风」给思想「擦锈」

就是靠大伙儿的吃苦精神

王长令

口述人：王长令，1939年11月26日出生于吉林省。1964年6月加入中国共产党。1956年考入兰州石油学校，1960年8月毕业后来到大庆参加石油会战，被分配到大庆油田设计院油库组，负责油田的基本建设以及油水井、计量站、集油站的设计以及地面建设规划工作，历任实习员、助理技术员、技术员和工程师。曾荣获大庆油田设计院"五好红旗手"荣誉称号。

时　间：2014年11月20日

扫码收听会战故事

　　冬天来了，最紧迫的一件事就是准备过冬。当时有好多人说，这大冷的天，放假算了。但各级领导，特别是会战指挥部的领导，都很坚强，要求克服一切困难，一定要安全过冬。到我们这个层面，想什么办法安全过冬呢？除了盖"干打垒"，就是给那个木板房"穿衣服"，给房子脱土坯，这是首要任务。当时，趁着还没完全封冻，我们就在设计院前面那个空地上脱土坯了。土坯就是土砖，每天要脱出一定的数量来。张振国那时是组长，他动员我们进行比赛，看谁脱的多，这样效率就上去了。当时我们两个人一组，就地取材，把土挖出来，搅和搅和，一个和泥，一个按。最开始，一天脱几十块，后来就能脱上百块了。有的时候，很早就起来干活儿，外面很冷啊，手和脚全都冻裂了，都是咬牙干呀！那个体会太深了。晚上回去和老同志们一起加班，得学习呀！我们白天干活儿累了，有的人晚上就不想去学了，我感觉这种思想不好，起码要到那儿去看一看。

当时白天脱土坯，晚上加班搞设计，一天下来就感觉很疲倦，往床上一躺就睡着了。老同志也是这样，白天脱土坯，晚上搞设计，基建那面还追着要图纸呢！比如我们的老同志张振国，他跟我们一起干，身先士卒。他还总说："哎呀，你们回去吧，你们现在能上手的没几个人。"我们这些刚毕业的年轻人，插不上手，搞得也慢。我们就说："您回去吧，您别搞得那么辛苦，我们几个年轻小伙子多干点儿，您少干点儿，晚上我们多加班不就行了。"

后来天很冷了，我们设计院没有户外作业了，但勘探队还是要出去的，而且还很忙。一看人家那么艰苦，我们就觉得我们这点辛苦算啥呀。勘探队有好多人是大学本科毕业的，亲自到一线去勘测、定位，确实让我很佩服。像从武汉测绘学院毕业的那几个人，他们天一亮就出去，坐的敞篷卡车连帆布篷都没有。我们有时下工地也坐这样的卡车，所以深有体会，就是一个字：冻！互相一看，鼻子都是白的，都不知道疼了！在大庆，人们冬天出门都是全副武装，狗皮帽啊、口罩啊，捂得严严的。

当时，生活条件很差。除了住的条件差，吃的定量也比较少。这个单位都是知识分子，给我们的定量是每人27斤。27斤最后还要节约3斤，争取给

就是靠大伙儿的吃苦精神

会战时期，组织职工利用业余时间自己动手盖"干打垒"

135

前线省出一点儿。那时候我们年轻能吃，总感觉肚子是空的。说实在的，那时感觉什么都好吃。现在说起来，都觉得有点儿丢人。那菜窖存的冻土豆，好的、坏的、烂的都有，白菜也都不像样了。这个烂土豆咋吃呢？冻的那个烂土豆不能化，一化就不能吃了。那时候点火方便，我就跟别人学，把蒸锅烧开，马上把烂土豆放锅里一蒸，出来几乎跟新鲜土豆一样，差不了多少。

后来院里就意识到这个问题，开始搞农业生产了。张振国当了院领导以后，有一次冬天干活儿，他看大家又累又饿，累得直打晃。他突然想到，要办农场，那时候其他单位的农场已经办起来了。当时是在双山办的农场，当地老百姓还是挺支持的。他们都说："你们也不容易，离家那么远，舍家带口地出来，年龄还那么小，你看我们孩子哪像你们这样，都吃不饱。"他们支持我们了，向他们借牲口什么的都没问题了。农场办起来以后，我们就轮流去种地、除草。后来有一次张振国就说："你们这些年轻人干苦力，就让你们放开肚子吃，吃三天！"这句话一出，那可不得了，有的年轻人控制不住，吃得直不起腰啊！这是为啥呢？张振国的意思是跟上面反映一下，看看到底给我们定量多少合适，做个试验。不过我们确实吃得很多，但也没吃什么好的嘛，就是玉米面饼子，一顿能吃一两斤吧。

还有一次，我们给农村老百姓送原油。因为老百姓支持我们办农场，所以领导批示把原油送给老百姓当柴烧。接待我们的人说："你们这几个小伙子，就在这吃饭吧。"我们都感到很高兴，能放开肚子吃了。有一个人是开车的，我还记得很清楚，叫敖玉印。他能吃啊，他吃人家烙的饼，我吃了7张，他吃了11张！哎，当时的条件差，都挺饿的，所以有了机会和条件就放开肚子吃啊！

从生活上来说，那时候条件比较差，就是靠大伙儿的吃苦精神。确实有的人受不了，不想干了，回家了。这事确实有，但很少。反正对我来说，别人受得了，我也能受得了，别人能干，我也能干！

埋头苦干才是硬道理

口述人：甘雨庭，1930年6月出生于四川省合江县。1950年3月参加中国人民解放军。1951年3月参加中国人民志愿军，赴朝参加抗美援朝战争。1954年6月随部队回武汉，在十五军政治部宣传处做宣教工作。1958年3月转业，在盘锦农垦局工作。同年10月调入松辽石油勘探局做石油地质勘查工作。1963年3月以下放干部的身份调往大庆北安农场二大队参加劳动。1984年11月调回大庆油田供电公司房管科。1990年7月退休。

甘雨庭

时　间：2014年6月26至28日

扫码收听会战故事

党的正确领导，给了我一个阵地，一个充分表现的空间。具体来说，是当时农场以茹作斌书记为主的领导班子，全力呵护和支持我，我才有机会干出一点儿成绩，现在回忆起来，当年的事情真像是一部纪录片。

北安农场的兴办，为共和国其他同类型的农场做了一个示范。我们国家对"三农"问题始终非常重视，中国有十几亿人口，如果吃饭问题解决不了，那国家就没法发展了。中国对建设农场很重视，南泥湾就是搞农垦的典范。所以，后来这个思想应用到石油大会战，解决了吃饭问题。当时，国家花了很大力气去解决粮食问题，可1960年国家正处于困难时期，没有更多的粮食调给我们进行石油大会战。怎么办呢？我们就学习历史，办农场开荒种地，生产了那么多粮食，支援了石油大会战。应该说，北安农场也是一个典范！北安农场不能被小看，办农场这一举措很有创意，这是前人走的路。新中国

成立之初也是搞农垦支援边疆农业建设嘛。

  我是1963年3月份去北安农场的。1963年的北安农场，已经很像样子了。起初，我被分配到农场的副业队劳动，主要工作是上山打柴，那时候农场没有煤，只能烧木柴，我们就上山砍柴火。冬天在树林里面的雪窠子里把干树枝锯断，再装在马车上，拉回来就可以烧了。每次都是两个人去，为的是有个照应。有一次，有根大树干从车上滚下来，险些砸到我，亏得我躲得快，才有惊无险，所以说那个活儿也是有危险的。那时候大家住的是通铺炕，就是用树干搭起来的床，再铺上一些干柴草，行李一铺，就可以睡觉。农场的那个生活条件，天寒地冻的，得烧炕，要不屋里没法住。烧炕搭炉子可是个技术活儿，我爱人没去以前我就学会了搭炉子，很多不会的人都来找我搭，炉子不好烧也找我，我一去，就把一切都搞定。到一个地方，首先要学会生存的本领，不能生存就要被淘汰！那时的一些人，家里弄得像垃圾堆一样，满屋尽是灰，而我房间总是弄得干干净净。就这样，我慢慢地适应了当时的生活。

  刚去的时候我在大田班，这个大田班做农场的一些后勤辅助工作，班长安排什么就去做什么，清荒要去，房屋维修也要去，等等。开荒、种地、锄地、收割，那是主业，也是个累活儿。一垄地从这头到那头，就是两千多米啊，一天也就干一个来回。中午的时候大家都停下吃点饭，有水有饭，都是食堂送过来的，随便吃。副食主要是芥菜咸菜，有时还有一点儿青菜，茄子、辣椒、柿子啊，那是很稀罕的。吃一次水果也是很不容易的，一次一家只能分一斤，还不知道下次什么时候能吃上。这些东西都是从北安、德都县城买进来的。不像现在，荒山全变成"花果山"了，想吃马上就可以吃，连外国的水果都引进来。那时不行，没有大棚、没有温室，吃不上基本的青菜，更别提茄子、辣椒了。后来，我弄了个土温室，先在温室里育苗养着，天热了带花带果的就移到外面去，很快就可以吃上了。那温室晚上是一定要烧炉子的，一旦烧不好，苗子就被冻死了，所以看炉子的人不能睡觉。晚上12点我还得踩着一尺①多深的雪，每隔半个小时就得去检查一次炉火，一个晚上也不知道要检查多少遍。就这样，干一行钻一行，向前辈学、向老农学，千方百计把菜种好。后来菜长好了，职工们都跑到我们大队去吃菜，这下出名了。领导看我爱钻研，就让我成立了一个蔬菜队，轰轰烈烈地干了起来。

　　因为我是部队干部，起初对农业也是一窍不通。我是四川人，对北大荒的气候也不了解，给了我那么大一个摊子，也是担心干不好。既然领导安排我种菜，那就认真干吧。当时，我在夜间挑灯细读种植蔬菜的书，从选种、育秧、栽培、追肥、除草、培土等每一个细节下手，精耕细作。我每天早起到菜地观察苗情长势，组织农工把发酵好的粪肥洒到茄子、辣椒、西红柿、大白菜旁边的小土坑里，再覆上干土。皇天不负有心人，一个个大西红柿由绿变红，青椒、茄子一批批成熟，不断运到职工食堂，大家终于吃上了自己种的菜！还有大角瓜，一批批运到食堂，用角瓜做馅儿蒸出大包子，送到田间给麦收大军吃，西红柿、黄瓜给他们当水解渴，那种喜悦和自豪真是无以言表！深秋大白菜也成熟了，卷着紧紧的菜心，每棵都有10多斤，那叫一个高兴！这些事现在看起来都很不起眼，算不得什么大事。但对我来说，就是要在这些小事上体现自己的价值、能力和品格！从这些小事做起，一滴水也能映出太阳的光辉！

北安农场大豆丰收，后面的机器为康拜因联合收割机

埋头苦干才是硬道理

① 1尺约等于0.33米。

"道道服"引发了误会

口述人：汤化善，1938年2月出生于河南省睢县。1961年12月加入中国共产党。1956年参加中国人民解放军，1960年3月转业到大庆参加石油会战，同年7月至1961年3月任供应处计划科油料组材料员，后被调任供应指挥部党办宣传科干事，1981年任供应指挥部供应办党总支书记，1994年任物资供应处业务办主任，1998年退休。

时　间：2014年5月15日

我个人也在催交催运保物资中经历过一些事。大概是在1960年12月份，有100多吨油料在兰州炼油厂，记不清是柴油还是润滑油了，一季度该发货没发货，二季度也没发货，不知道是什么原因，得派人去催交，当时领导就把我派去了。科长和我说："兰州炼油厂有100多吨油料该发货没发，会战急需，你去想办法催回来。"那个时候出差不像现在，现在什么都有。科长给我开了介绍信，又给食堂写了个条，让我带上20来斤全国粮票，我到食堂拿了十来个窝头和两个咸菜疙瘩，揣在提包里就出发了。那时能吃上窝头就不错了，因为我出差才批给我窝头干粮，平时我们都吃菜根子、苞米叶子做的淀粉。当天下午我就到了哈尔滨，然后换乘到郑州的火车。我上车后，车上正好有个座位，我就坐下了。后来好像是列车派旅客当义务宣传员，把我派上了，帮助列车员为车厢服务，提醒旅客注意安全，让大家为老弱病残让座，等等。所以我的座就让给了一个抱孩子的妇女。这样，一路上我基本没座了，累了就在车厢地上坐一会儿、睡一会儿，那时年轻也不在乎。当时坐的是慢车，用了两天一夜才到郑州，到郑州还得倒车才能到兰州。对了，出来时带的窝头，还没到沈阳便就着咸菜疙瘩和开水吃没了。

在郑州站，我刚下车，几个铁路公安人员就奔着我来了，因为他们看我穿的衣服特殊。当时我穿的是油田的"道道服"[①]，他们问我是哪里人，上哪去。当时我想，那么多人不找，怎么找我呀？我还在疑惑时，他们说："走！跟我们来一趟。"我疑惑地问："啥事呀？"他们说："到地方再说！"我就跟他们来到铁路派出所。在派出所，他们又详细地问我从哪儿来到哪儿去，还看了我的工作证。在工作证上还闹出个笑话，证上印的"石油工业部"几个字是隶书体，他们把"石"字念成了"后"字，就更不相信我了，说怎么能有"后油工业部"呢，哪有这样的单位呀？于是他们就更怀疑我了，把我当成从监狱跑出来的坏人了。后来，我想起了身上还有介绍信，拿给他们看后，他们这才相信我，把我给放了。今天想起来，很有意思，有这样的误会，就是因为当时我穿的是"道道服"，引起了他们的注意，才把我当成了坏人。

我在郑州站蹲了一宿，第二天上了去兰州的火车。到兰州后，我住进了旅社，条件很差。当时也不讲究条件好坏，有地方住就行。我住下后，打听好去炼油厂坐哪几路公交车，到了那儿以后，在销售科一查，确实有这批货。他们说发货的地方全国各地都有，资源很紧张，不是我们一家，尽量给安排吧。为了尽快把油料催回去，我就天天去，早晨吃完饭后就到这个厂子来，中午在他们食堂买点饭吃，一直到晚上才回去，天天坐在那儿催货。他们的科长是山东省曹县人，我家离曹县很近。时间长了，这个科长看我天天一大早就在门口等着，还看到我天天给他办公室扫地，给他打水，为他端茶倒水。科长就对大家说："这个小伙子真行，工作认真，天天来，尽管油没发走，还耐心地在这儿等。"我家和科长家离得不远，我们和老乡差不多，慢慢地我们就熟了，还有了感情。这样，他反而帮我做工作了，说厂里有油，铁路不配

[①] 大庆石油会战时期，会战职工在冬天穿蓝色的再生布棉衣，整件棉衣每隔3～5厘米缝着一条竖道子，人们将这种棉工服称为"道道服"。

车皮还不行，货发不回去。他帮助我做铁路的工作，帮着要车皮。他还请我到他家吃了一顿饭，记得炒的土豆丝可香了。就这样，将近一个月后，科长帮我请到车皮，把那100多吨油料发回了油田。

对了，在兰州催油料期间，还发生了这样一件事。当时不是粮食缺吗，我带的粮票快用完了，就给家里写了封信，让家里给我弄点粮票来。那时我爱人在老家当会计，我哥在县粮食局，我让她找我哥，用家里的粮票换了30斤全国粮票。当时我爱人很想和我一起到油田去，她把一些东西打个包，又把那30斤全国粮票放在包里，背上包就上兰州来了。在火车上，她睡着了，在半道上包让人拿走了，包里有她的几件衣服和那30斤全国粮票，另外还有她自己带的5斤粮票，全丢了，就剩下一个没放在包里的喝水缸子。那天早上，我还没走，正在旅社里烤火，门开了，一抬头看见我爱人来了，我"哎呀"一声说："怎么在这儿看到你了？"她一下子就哭了，说了路上出了事，把包和粮票丢了。那时我也年轻，爱冲动，不但不同情她、安慰她，反而埋怨起她来，冲她嚷嚷："你怎么能睡大觉？是不是都丢了？"对她发了火。现在一想起来，觉得真是不应该，对不起她。我爱人只在我这儿住了两天，身

1965年的全国粮票

上剩的几斤粮票还给了我,因为没有粮票就没饭吃,我也没留她,就让她走了,回老家了。现在想想,我真不该和她生气,人家千里迢迢来送粮票,丢了是意外,本来她就很难过,我不但不理解她,还说了人家一通,我很内疚。昨天,我还和老伴儿说起这个事儿,她还有些生气呢。多少年来,提起那次"兰州事件",也就是丢粮票的事,老伴儿就生我的气。去兰州催交油料发生的这两件事,一件是很有意思、可笑的事,一件是很让我内疚的事。物资供应人,在那个年代呀,为了保供应、保生产,舍去个人利益,千方百计地抓资源保供应,确实是做了贡献。

工人的干劲都是领导干部带出来的

口述人： 胡俊清，1932年12月出生于贵州省赤水市。1955年1月加入中国共产党。1960年5月从中国人民解放军沈阳军区第38集团军转业到大庆参加石油会战。会战期间在供应处萨尔图仓库担任材料员、仓库团总支书记，后任萨尔图仓库工会主席。1993年3月退休。

时　　间： 2014年5月20日

胡俊清

扫码收听会战故事

　　会战时期做思想政治工作的干部，都以身作则，带头工作、带头干活儿。比如说，我们萨库的主任叫周柳波，也是个处级干部，当时也是四十好几岁的人了。凡是库里有重要的事、重要的工作，他都主动带头亲自干。有一次，保管员搞库房管理"五五化"[①]的时候，他亲自蹲点，跟工人一块儿研究、一块儿干，一直蹲点到把"五五化"研究成功。

　　还有一个更突出的事儿。萨尔图仓库刚建起来的时候，分一线、二线、三线，就是三条卸货的铁道线，第三条线上卸的是设备，有钻机、采油机、泥浆泵等。这些设备不是一个厂家的，所以不是一个车皮运来的，都很混乱地卸在铁道线下，你压它、它压你的，能找到钻机主件，找不到配件，为前线发料很困难，再加上当时的工人都是军队转业的，对物资业务也不熟悉。

[①] 仓库物资的堆码主要方法是"五五化"堆码法，也称"五五化"摆放法或"五五化"法。这种方法是根据物资的不同形状，以五为基本计算单位，把物资码成各种不同垛型。每一垛型为五或十的倍数。横看成行、竖看成列，左右对齐、过目成数、美观整洁，并有利于物资的收发、保管、盘点、检查等，提高库房利用率。

装卸工人在搬运袋装的水泥

在这种情况下,我们的周柳波主任就组织了几个人,配了一台吊车,还特意找来了一个钻井的司钻叫徐少华,起早贪黑地干,经过半个多月的辛苦工作,终于把这些物资整理了出来。在这半个多月里,周柳波主任一直在现场,不分黑夜白天,和大家一起干。当时是冬天,他同样和工人一起顶风冒雪地干,不管风多大、雪多大,从不离开铁道线,真是做到了工人身上流多少汗,他的身上就流多少汗,工人身上有多少泥,他的身上就有多少泥。最后,在周主任的带领下,林业部支援大庆会战的木材卸下火车后,大家把那些分不清的各种零件,都分门别类地清理出来了,而且都按照"五五化"的标准摆放得整整齐齐,为及时供应前线用料创造了有利条件。

通过这几件事,我的感觉就是,那时候领导做工作,一是政治动员充分,给大家讲形势任务,把会战的困难和意义给大家讲清楚;二是在艰苦的环境下从关心职工的生活和职工的疾苦入手;三是事事都带头干在前。大队长、

工人的干劲都是领导干部带出来的

中队长安排完工作后，都和工人一样干活儿，没有什么干部与工人的区别。比如，我们库的装卸队队长，和工人一样扛水泥、卸火车。那个时候，工人的干劲非常大。当时我们萨库有5个装卸中队，即一、二、三、四中队和一个钢铁中队，他们的主要工作就是卸车。一、二中队干到最后干到什么程度呢，人家不用调度分配，自己派人到铁路线上去看着，火车一进来，喊一声，然后人就呼呼地冲上来卸物资。看，工人的觉悟就高到了那样的程度。

当年供应仓库中队一排被人们称为"铁罗汉排"，是一个出了名的先进集体。要问他们为什么能当先进，工人们都会自豪地回答："因为我们有个好排长，他是一个'铁罗汉'。"一排的排长叫祝贺明，是1960年部队转业的一名战士，他到一排以后，把解放军的好传统带进了仓库，不仅自己吃苦在前，抢重活儿干，还善于做思想政治工作，很快就当上了排长。祝贺明说："我们要真心实意地跟党走，时时刻刻保持革命战士的本色。"他的誓言是："装卸工人是铁罗汉，双手能把泰山搬，有车就用车来送，没车就用双手搬。"他每天上班最早，下班最晚，午间经常留在工地看现场，样样走在先。一排有4个班，哪个班任务重他就到哪个班去，如果有夜战，他白天忙一天，晚上还要跟着干。

1962年4月1日那天，我们突击搬运法兰，一个法兰有100公斤重，要运900米远，三四个人抬一个，可他和别人两个人抬一个，大家见排长这么干，也都改成两个人抬一个。半天的任务，不到2个小时就完成了。同年7月来了一车皮散装化肥，卸车任务是另一个单位的。由于化肥刺激性很强，又是散装的，人一上去就被呛得站不住，卸不了车。有人说，这样装不合要求，应该退回去。祝贺明得知情况后说："退回去一是浪费，二是误农时，人家能装上，我们为什么卸不下来？"他请示领导后，带领一排二班12名同志去卸车，到了现场，祝贺明第一个冲进车厢，工人们一拥而上，不到5个小时就完成了任务。同志们被熏得头晕眼花，咳嗽不止，但没有一个下车的。9月，祝贺明在卸大型螺纹管时，脚被砸掉了两个指头，鲜血湿透了鞋，但他一声不吭，坚持同大家一起干。第二天实在不能上工地了，他在家搓了一天绳子。医生让他休息，他不肯。第三天拄着拐杖上工地，领导和同志们劝他回去，他说："现在战斗正紧张，你们怎么能动员一个战士不参加战斗呢？"排长的行动，就是一种号召。他虽然没有像以往那样带头干重活儿，但是鼓舞大家超额完成了任务，从此人们称他为"铁罗汉"。

当时工人能有那么大的干劲，要我说就是因为那时的领导干部不仅关心工人，还和工人一起干，工人们看到领导年龄比他们大，资历比他们深，还和他们一样干，就没啥说的了，再苦再累，也没人叫苦，没人发牢骚，只有甩开膀子痛痛快快地干，工人的干劲都是领导干部带出来的。二班班长王帮喜刚来时嫌会战艰苦，家里又有些困难，想调回武汉去，祝贺明就找他谈心，从各方面关心他。当他了解到作为同乡的排长家乡遭灾，父母先后去世，爱人曾多次来信叫他回去时，他感到很惭愧，下决心以排长为榜样，安心工作，越干越好，最后评上了红旗手。在一排，"排长咋干我咋干，照着'铁罗汉'样子做"已经成为大家的行动准则，年年都超额完成任务，成了远近闻名的"铁罗汉排"。有人曾问祝贺明，为啥这样干，他说："我心里有榜样，那就是我们连长和排长他们。"了解情况的人都知道，他转业前所在连的连长郭玉荣是全团的标兵，排长杨喜茂是有名的"铁汉子"排长。

上靠领导，下靠群众，就能把工作搞好

口述人：李继良，1938年3月27日出生于河南省济源市，1961年9月加入中国共产党。1954年8月被西北石油局招到甘肃玉门油矿钻井贝乌二队（即1202队）当钻工。1956年8月随队调到新疆克拉玛依油田，1958年又参加四川川中油矿龙寺会战，并于1959年重返克拉玛依油田，历任钻工、副司钻、司钻。1960年4月随队参加大庆石油会战。1962年任1202队副队长，1963年年底调任1205钻井队指导员（党支部书记）。1964年出席中国共产主义青年团全国第九次代表大会，被选为主席团成员。1965年3月调出1205队，任大庆钻井指挥部党委常委、政治部副主任。1966年调离大庆油田，历任华山勘探指挥部党委副书记、副指挥兼政治部主任，江汉石油管理局总调度室副主任、主任及局政治部主任，南海石油勘探指挥部党委副书记、副指挥，西部公司调研员兼华海实业公司总经理、党委书记。1977年当选第十一届中央候补委员，1982年当选中共十二大代表。

时　间：2014年11月30日

当初，我没有多想为啥把我选调到1205队。从1202队往1205队调配干部，我对这个过程也不是太了解，也没有过多考虑，组织需要就去。我记着吴星峰说的话："上靠领导，下靠群众。多汇报，多请示，认真工作，深入群众，和群众打成一片。"了解到1205队存在的问题以后，我就把在1202队受

到的启发带到1205队去。我首先抓作风建设，按张云清那个办法，从常见的大量细小的作风问题抓起。首先是把纪律搞上去，搞好"冬季整训"，开会"评功摆好"①，对1205队的每一个人都进行了解，按照上级领导的要求，

李继良（右一）和工人们在井场工作

每一个人的优点要讲透，缺点要帮够。其次就是作风建设，抓劳动纪律。晚上点名，把一天的大概情况说一下，这也是1202队的做法。最后是大练基本功，把苦练基本功抓起来。门口前边立上架子，吊上大钳。冬天，立上一根钻杆，每天早晨，钻工练打大钳。打大钳，大家一个比一个打得好。其实这不但是练技术，更是练思想、练志气、练毅力。

然后就是检查制度，看看制度还有没有不完善的。到了1963年、1964年，制度建立得挺多了。制度有了，关键是要落实。怎么抓落实？人人要写决心书，第二年怎么干，要表决心。经过一个冬天的整训、学习和提高，加上忆苦思甜教育，队伍稳定下来了，士气也提起来了。

抓落实，干部要带头。干部参加劳动，干部值班、顶班，不管你白天开

---

① "评功摆好"标准的提法应该是"总结评功"。总结评功的核心是大讲大摆。这个阶段，职工自己摆、相互摆、群众摆、领导摆、家属也摆。摆得细、摆得具体、摆得热火，每个人都摆出了十几条，甚至几十条成绩。不仅先进人物的成绩漏不掉，而且把后进人物的点滴成绩和微小进步也都挖掘出来了。讲摆的结果，成千上万人摆出来的无数活人活事，使大家看到了成绩，感到了进步，认清了形势，明确了方向，增强了信心，鼓舞了干劲。使先进的更加先进，后进的不甘落后。摆出了一个人人心情舒畅，个个力争上游，积极因素大发扬的局面。详见《大庆石油会战史》P153。

上靠领导，下靠群众，就能把工作搞好

不开会，赶上晚上上夜班就要上夜班。像我这样身体好的，就主动来顶班。干部走在前头了，"跟我上！"他就跟着你来了。干部光叫人家上，自己不上，那怎么行！每一个岗位，该你组织检查，就要组织检查。每一个岗位检查完以后，班前会、班后会都要开好。慢慢地，党支部一落实，作风锻炼出来了，工人就培养起来了。所以，到了1964年，井就打得比较好了。很快就打了个漂亮仗，除了超额完成了当年的生产任务外，队伍还发生了较大变化，形成了"十二个多，十二个少"的好作风，技术水平、管理水平、井身质量、工作效率、人员出勤率、机械出勤率、生活水平等八个方面都有了很大的提高。在1205队，我待的时间不长，也就一年多吧。

1964年的七八月份，钻井指挥部在1205队井场上组织了一场技术表演赛，赛后开现场会。我记得，当时井场周围的草长得正高正旺，人们穿的是夏天的衣服。这场技术表演赛是指挥部宋振明亲自督办的，钻井指挥部、大队两级共同组织的。这场技术表演赛把几个标杆钻井队的人都调集到一起，比赛内容包括起钻、下钻、接单根表演等一些项目。技术表演赛结束以后，我从钻台上下来，按照指挥部领导的要求，给座谈会的与会者介绍，怎么苦练基本功，怎么操作正规化，怎么做到"稳、准、快"等，我就一边讲解着一边比画着，做些示范动作。

到1964年年底，钻井二大队抽调我去大队部帮忙，协助教导员、党总支书记陈佰鹏工作。陈教导员这个人，个子高高的，瘦瘦的，很精神，说话办事很利索，有点军人风度，对我帮助挺大。他让我白天跑井队、跑现场了解情况，晚上或者下午就参加"四清运动"。在二大队工作期间，陈佰鹏教导员给我讲过一个王铁人粗中有细、细中又饱含爱国热情的故事。事情是这样的：那时国家正好在搞"简化文字"，大庆有人把"国家"的"国"字改为"口"字，写在走廊墙报上。王铁人看到了，问谁写的，有人告诉他是一个刚毕业的大学生写的。然后王铁人就把那个毕业不久的大学生找来，指着墙报上的"口"字说："我们这个国家这么大，里面有很多宝贝，人家在里面写个'玉'字，就是代表我们国家有宝贝，你怎么就写个'框框'，里面什么也没有呀？"

这话说得大家都乐了，大家也都受到了教育，并立即改正，从此大庆也再无人那样写了。这个故事告诉我们，文字改革不是随便乱改的，要按照国家通用的标准执行。我在钻井二大队待的时间很短，到了1965年，我被调到钻井指挥部担任政治部副主任，副主任还有李自新。

我在1205队按照吴星峰跟我说的"上靠领导，下靠群众"开展工作，同时铁人王进喜非常关心我，他给我介绍情况，鼓励我，直接指出1205队那些不足的地方，指导我开展工作。王铁人一个礼拜最少要去1205队一次，特别是冬训的时候。

上靠领导，下靠群众，就能把工作搞好

我一生中难忘的四个人

口述人：陈汉宝，1938年10月出生于陕西省城固县。1977年11月加入中国共产党。1960年4月从北京石油学院钻井专业毕业后到大庆参加石油会战，任3251队技术员。1964年1月随勘探队南下，先后参加大港油田、西南油气田、江汉油田和华北油田大会战。1983年7月，担任华北石油第二勘探公司经理。1995年从华北石油管理局钻井二公司经理岗位退休。

时　间：2014年8月15日

陈汉宝

扫码收听会战故事

我打井受伤这件事情是一个单纯的工伤事件，但这个事件让我感受到了人间真情，让我拥有了四个非常重要的人：激励我一生的人、感动我一生的人、温暖我一生的人、陪伴我一生的人。这四个人是我永远不能忘怀的。

激励我一生的人是余秋里。我对他的印象太深了！虽然他只有一只胳膊，但他那讲话的气势、做事的风格让我印象深刻。我经常了解他的情况。长征的时候，余秋里被敌人打伤了胳膊，爬雪山过草地，坚持了192天，最后坚持不住了，在甘肃省徽县的一个农民家里头，把受伤的胳膊锯掉了。[1]当时红二方面军的首长看望他，他有这么一句话："我的生命都交给党了，一只胳膊

---

[1] "手术是在（1936年）9月20日上午进行的。手术前，侯友成同志给我讲手术的程序和注意事项。我说：'你们大胆做吧，没问题。'他又说，要全身麻醉。我说，既然交给你们做，就一切都交给你们全权处理。打上麻药以后，很快我就迷迷糊糊睡着了。醒来时，觉得头有些晕眩，我习惯地用右手去摸左手，空荡荡的，我才知道手术已经完成。"详见《余秋里回忆录》（下册）P34～P41。

余秋里出席政府工作报告会议

算得了什么。"所以我受伤后的第一件事真是想到了余秋里部长。他在革命中失去了一只胳膊,当时他22岁;我在石油会战中失去了一只胳膊,当时我25岁。我这一生一直以他为榜样,走遍天涯,献身石油,做一个生命的强者。

感动我一生的人是谁呢?到现在,这个人叫什么名字我都不知道。在大庆油田给井队烧锅炉的都是外派来的人,不是我们单位的人。我说的这个人就是一个锅炉工,是个老班长。我受伤住院的时候,有人和我说,这个烧锅炉的老人在我出事的那天晚上,艰难地爬到了机房顶上,找到了我那只断了的胳膊后拿下来用清水洗干净,还找来干净的衣服包上放到怀里。别的工人问他这是干啥?他说:"我要把它暖热了,让医生给他重新接上。"多少年过去了,到现在我连他的名字都不知道,但是我一直记着这位老班长,让我感动了一生。

温暖我一生的人是一个女孩。胳膊因公被打断以后,我的思想压力很大。事业、前途、工作、生活甚至爱情,天天萦绕在我的脑海里,那都是一个一个的问题啊。身体健全的人找对象都不好找,又有谁愿意跟一个只有一只胳

膊的人啊。我母亲从老家来看我,还带了个女孩,这女孩是老家公社卫生院的一个护士。我问她:"你怎么来了?我也不认识你啊。"她说:"我挺喜欢你母亲的,她一说你这事,我就跟着来了,我愿意照顾你!"本来我想没了一只胳膊,找对象都不好找,愁得不得了,没想到就这么解决了。她说:"我愿意照顾你一辈子。"这是女孩的原话。这给了我一个新的思路:我是让组织把我当残疾人,让一个女孩照顾我一辈子,还是我干脆自己闯一片天地?我选择前者,我不甘心啊!我才25岁啊!如果她来照顾我了,那组织肯定就把我当残疾人了,那我就没动力了。我下定决心,不能让领导和组织把我当成残疾人,我要自强自立!我送别了母亲,谢绝了家乡女孩的爱。自此,我以余秋里将军为榜样,无怨无悔地走上了一条身残志坚、自立自强自信的人生之路。20年的奋斗,我一步一个脚印、一步一个台阶。1983年我被组织安排当了华北石油第二勘探公司的经理,管理着一万多名职工。最近,我在北京做报告的时候有人问我:"你这几十年,得到了什么,放弃了什么?"我说:"我这几十年唯一的体会就是要时刻告诫自己,走好自己的路,如果不是这样,我就没有今天。"

陪伴我一生的人就是我现在的爱人。1967年,一个汽车司机给我介绍了个女孩子。一见面,我心想完了,不可能成啊。过去还有组织关心、群众关心,"文革"开始时我被当成"走资派"打倒了,也没人敢关心了。这女孩长得挺漂亮的,是四川石油会战文艺宣传队的演员,又能唱又能跳的,所以我就没抱什么希望了。过了几天,我们宿舍有人跟我说,有个女孩给我送东西来了。我从井队回到宿舍一看,是一包花生米。花生米是什么样的呢?外面的红皮已经被剥得干干净净,就剩下白白的中间的仁儿了。我一看有希望,这女孩子真有心啊,她知道我一个手不方便。我们经历了从感动到爱情,从操心、关心到动心的阶段。我曾经问她,当时怎么爱上我了呢。她说作为女孩子,看到我挨批斗的惨劲儿挺心疼的,不知怎么就爱上我了。所以我总结,我们的感情是从心痛、心动到心爱这么个过程,我们是风雨情缘。现在她70岁了,比我小6岁,一直陪伴着我。我当经理一年到头很少在家,就她操持着家里的一切。在河北任丘"833抢险"时，我一忙就是半个月。她在电视上看到我，才知道发生了这个事。抢险完了我回到家，她就埋怨我说，这么大的事儿怎么也不说一声，说着说着就哭了起来。当时去抢险，谁知道会出什么事啊！我就没敢和她说。我们已经风风雨雨过了47年了，她是陪伴我一生的人。

很多小事情有着真情大爱，让人感动、让人怀念、让人感恩。我从1955年上大学学钻井，到1995年退休，度过了整整40年。这40年我与大庆、与石油、与钻塔真是结下了不解情缘。最近《中国石油报》副刊编辑部向全国征集100字格言，我投了两条。有一条我是这么写的：失去胳膊并不影响人生的完美，奋斗出成绩才是幸福的。要一步一个脚印，一步一个台阶，走好自己的路，走出人生的精彩。

努力做好党的一块砖

口述人：董格献，1937年7月9日出生于河北省池县。1959年4月加入中国共产党。1960年3月20日从玉门油矿调入大庆参加石油会战。历任采油一大队团总支书记、采油指挥部团委书记、采油四矿四队指导员等职。1965年调到大港油田，历任大港油田采油二部政治处主任，大港油田采油二部党委副书记、纪委书记，大港油田水电厂党委书记等职。1997年退休。

时　间：2014年8月19日

董格献

扫码收听会战故事

　　我当时是做团工作的，团总支后来改成了团委。1961年的时候，我从采油一队到了采油指挥部团委，担任团委书记，在那儿工作了有一年多的时间。在那个期间，采油指挥部成立了第一个"派克"队（"派克"就是往井里下的封隔器），派我去这个队当指导员。当时那个队有20多个人，住的是木板房。有一次天都变黑了，起了大风，大风一过来，把5栋房子全给掀开了，行李都湿了。没有办法，我们这些人在食堂住了一个月。我在那里待的时间很短，回来以后把我从团委调到采油四矿当团委书记。在四矿当团委书记的时间也不算长，1964年的时候我就从那儿到了四矿四队。

　　到四队以后我遇到了一个大的难题，井组出事故了，房子全被烧了，烧得一塌糊涂啊。大家都很难过，觉得钢铁四队抬不起头来啊！当时大家的集体荣誉感特别强，大家都不去食堂吃饭了。我叫大家去吃饭，也没人去，因此我就做大家的思想工作。过了几天，大家才慢慢缓过劲儿来。队里搞了个荣誉室，队里的荣誉都放在里面，以通过荣誉来深刻警醒自己。这是个沉痛的教训啊！这个事情对我的打击也比较大，我刚来没多长时间就出了这个事。

我在大庆工作了5年，换了5个地方。作为玉门标杆队的一个采油工人，我努力做好党的一块砖，哪里需要哪里搬。当时条件比较困难嘛，我们工作之余还要编草鞋、脱土坯、采野菜，到杏树岗那面去采黄花菜，就吃这些野菜。我的基本情况是工作需要了就下基层，回来又搞团的工作，就这么来回跑着。当时我是个什么状态呢？就是"白手起家"，我去新的地方创业，组织得差不多了就回来。我们这一代人啊，组织需要、会战需要，我们就去，也不计较时间长短、职位高低，真的是不在乎这些。

我爱人也是大庆职工，和我是一个单位的，她是搞化验的。她是1960年年底到的大庆，也是到处跑啊，她们搞化验的条件也挺艰苦。我到玉门，她就跟着到玉门；不久之后，我又从玉门到大庆，她又跟着到了大庆。1962年的11月，我有了小孩，没有人照顾就把我母亲接到了大庆。1962年，大庆还挺困难的，也没啥吃的，有吃的也吃不饱。1964年好点了，油田有自产粮了。

水力压差式封隔器与空心配水器组合试验

我们有3个孩子,老大是1962年出生的,老二是1964年出生的,生老二的时候我在四队,当时我也不知道,只听说是生了。我老是调来调去的,根本没时间管家,饭啥的都不会做,孩子的事也基本没管过。现在,老大在文化体育中心开车,老二在电视台,女儿在四厂工会,都挺好的。

蒋三大是在八排19井成为油田标兵的。他有什么特点呢？他是从部队转业的,对采油这些东西可以说是一窍不通,领着几个工人就管井。管井不会怎么办呢？他就向技术员学习。当时面临的一个难题是,那一带的井含蜡高,清蜡特别难,一整那个大蜡棒子就把井给堵住了。钟明明当时是队长,他的特点是工作很细心,油井分析比较细致。大庆当时有几个著名的"地下警察",比较老的"地下警察"有贾世安,接着就是钟明明。李天照对大庆的作风建设有巨大贡献,他总结出了"四个一样"。他是采油处成立以后跟着一个队一起来的。

到了大庆,我一直做团的工作,先是在二矿团总支,后来到油田团委,到四矿团委,到钢铁四队。后来到了大港油田,我也一直在采油处。1979年成立了采油二部,这个时候我担任政治处主任。从1980年开始,我担任采油二部副书记、纪委书记。1984年,我在油田办的一个南开大学成人教育大专班进修。1985年,我从二厂调到水电厂。当时我还不理解为什么把我调到水电厂去,油田领导说:"水电和采油密不可分,水电是采油的保障,现在水电供应情况不好,好几家单位都有意见,你去好好抓一抓。"就这样,我到水电厂当了党委书记,一干就是12年,直到退休。

到了水电厂以后,经过认真了解情况,我发现最大的问题是领导班子问题,班子思想不统一,意见不合。我去的时候,一把手、二把手全都调走了,连工作都没正式交接。我就想,我是带队的,是火车头,就好好重新组织吧。我先从班子建设抓起,先了解原来的状况,然后组织大家一起学习、开生活会讨论交流,努力统一大家的认识,为油田生产、生活保水保电。三个月以后,在油田组织的指导和安排下,又换了一批人,把油建工建大队的副大队长调过来跟我搭班子。这个人做领导的时间不长,总搞吃吃喝喝那一套,我看不过去，就在开会时批评了这个事。他就想办法告了我一状，乱七八糟地写了我七八条事，例如说我把公家的车都卖了啥的。油田接到举报后，找我谈了一次话。我表态说："我们应该敞开谈这个事情，这些问题可以逐条核实，如果是事实，怎么处理我都可以。"调查完以后，组织把这个人调走了，后来又从油建调来一个厂长、一个副厂长。这样一来，班子慢慢理顺了，变得团结和谐了。在这个岗位我干的时间比较长，一直当党委书记。一些具体问题，如班子啦、队伍啦，我一件件慢慢解决，慢慢都好了起来，这也算没辜负党交给我的最后一项任务。

摸索物资管理好办法

口述人：张允坤，1935年10月出生于山东省章邱县（今山东省济南市章丘区）。1964年6月加入中国共产党。1956年参加中国人民解放军，1960年3月从部队转业到大庆参加石油会战，做过葡萄花钻井大队工人、供应指挥部萨尔图仓库保管员，曾参与探索著名的"四号定位五五化"仓库科学物资管理法。1972年10月担任供应处萨尔图仓库副主任。1994年1月退休。

时　　间：2014年5月20日

张允坤

扫码收听会战故事

　　我当时在萨尔图仓库做保管员，干了很多零活儿，比如火车来了，去卸物资，卸完物资还得把物资倒出去，再卸货。那时候，火车运来的物资很多，一批接一批的。我们卸的物资主要是设备配件，都卸在铁道边上，一堆一堆的，到处都是。后来，仓库的库房盖起来了，发放物资也建立了相应的手续。但是，当时库房里、料场上的物资还是乱糟糟的，没有秩序。来领料的人都说："一进库房乱乱糟糟，一进料场杂乱无章。"当时那物资乱得可以用"点不清的数，算不清的账"来形容。在这样的情况下，仓库要求大家把各种设备、配件等物资，分门别类地整理出来，搞清楚。可是，那时运来的物资多，库里的地方少，仓库里还是很乱，发料还是不畅通、不及时。

　　也就是在这样的情况下，我们开始想怎么能把物资整理出秩序。当时我在萨尔图仓库配件库，和朱登奎是一个班组的。朱登奎是从玉门来的，他在那里管过库房，有一点儿管理物资的经验。当时萨尔图仓库的书记周柳波和

全国各地、各行业支援大庆的物资摆满料场

朱登奎比较熟悉，把朱登奎安排在我们的配件库，目的就是让朱登奎指导大家搞出一个好的库房管理办法。现在，朱登奎已经是80多岁的人了，他得了半身不遂的病，不能说话，也不能走路了，不然采访他更能说明白这些事情。现在让我说，我也是80岁的人了，有些事情也记不太清了，我能想起多少就说多少吧。

我还记得，当时库里从海伦分来了一些有文化的初中生、高中生。他们年轻，有知识、脑袋活，为我们搞好库房管理工作充实了力量。我还能记起他们当中几个人的名字：李英、刘春芳、刘忠义等。那时我们把各种设备配件，比如阀门什么的，一部分一部分、一行一行地分开摆出来；再把大小阀门分开，然后五个一行、十个一行地摆放，想尽办法把物资摆顺、摆出秩序。我们把混乱的物资摆整齐后，物资占的地方少了，还有规律了。在这个基础上，朱登奎指导大家，他和大家一起继续研究，琢磨着怎么能把物资配件摆

得清、摆得规范。在整天琢磨摆放法的时候，我们还经常利用在食堂吃饭的时间，用窝头、筷子摆，大家把各自的窝头凑在一起，用窝头当配件，翻来覆去地摆。大家集思广益，开动脑筋，把一切精力都用在摸索物资摆放法上了。

慢慢地，我们摸索出了"五五化"的摆放法。什么是"五五化"呢？就是把物资按规格、种类，摆成"横是五、竖是五，方方正正都是五"的样子，当然也可以是十或二十、三十，根据库房和料场面积灵活选择。还有小件物资也用这样的"五五化"办法摆放在料架上。这就是当年在库房里发挥很大作用的"五五化"摆放模式。

这个"五五化"摆放法在我们配件库形成以后，仓库领导组织大家来参观，让大家看行不行，让大家提意见，让大家评论，最后都一致看好这个方法。"五五化"摆放法得到了大家的肯定。很快，"五五化"摆放法就在全库推广实施。库里的人都赞美说："五五化就是好，美观大方占地小，方便生产和管理，整整齐齐效率高。"从此以后，在我们配件库，朱登奎和大家都把"五五化"摆得更来劲了。我们几天几夜就能搞好一栋库房，把物资摆得井然有序。对了，我想起来了，这个"五五化"摆放法是那个叫刘忠义的高中生出的点子，然后在朱登奎地指导下，大家齐心协力搞出来的。

后来，我们在"五五化"摆放法的基础上，又摸索出"四号定位"的管库法。这个管库法，也是在朱登奎的指导下摸索出来的。什么是"四号定位"呢？就是账、卡（料签）、实（物）、资金（价格），四个号都要一致，账、卡（料签）、实物三个要对口。不对口就是张三的给李四戴上了，那就错了、乱了。保管员每天都要在有变化的地方，检查这四个号的对位情况，防止物资串位，这样就做到了心里有数。

实行了"五五化"和"四号定位"后，库房管理更井然有序了，有利于保管员收发物资了，特别是能更及时准确地为前线发料了。后来，"五五化"和"四号定位"受到了领导和职工的称赞，大家编成顺口溜说："实现了四号定位五五化，仓库管理开了花，不怕你不识数来不识货，哑巴都能把话说。"

库房实行了规范科学管理后，许多油田内外的人都来参观，记得我们仓库还上北京石油部介绍过经验。再后来，我们萨尔图仓库的保管员齐莉莉[①]同志，被誉为"活账本"，能"蒙目摸料"，成为全国劳模。可以说，她也是在"五五化"和"四号定位"的基础上练出的"活账本"和"蒙目摸料"的功夫。齐莉莉是我们仓库和大庆人的骄傲。"五五化"和"四号定位"的作用很大、也很长久，听说今天的仓库管理还在沿用着这个方法。

---

① 齐莉莉，20世纪70年代大庆党委命名的标兵之一，1978年被大庆党委授予"学铁人的好保管员"称号，全国劳动模范。1955年出生，中共党员，1973年参加工作，1987年毕业于哈尔滨师范大学，时任物资供应处配件公司材料员。参加工作以来，齐莉莉坚持苦练基本功，为油田建设服务，被誉为"活账本"。她不用看账本，就能对所管器材中收发量大的520多项、7万多种器材的名称、规格、单价、库存等10个数据对答如流，对所管14种机型、800多项机部件的性能、用途、安装部位和代用情况掌握得清清楚楚。为应对特殊情况，她还练成了识货、摸料、无灯发料等硬功夫。她先后获得多项荣誉。详见《大庆油田企业文化辞典（50年）》P439。

会战中机修战线上的英雄模范

口述人：卢嘉林，1940年12月出生于陕西省西安市，中共党员。1956年在玉门油矿参加工作，1961年8月调入大庆参加石油会战，同年11月调到总机械厂工作，先后当过工人，总机厂政治处、厂办、宣传部干事，厂志编辑。1998年退休。

时　间：2013年11月29日

卢嘉林

扫码收听会战故事

下面我讲几个小故事，是关于我们机修战线上的英雄模范的。

第一个故事讲的是为总机厂科技工作鞠躬尽瘁的老黄牛——工人出身的总工程师沈志霄。沈志霄出生于1919年，1941年到玉门油矿钻井处当柴油机司机。1961年来大庆参加会战，历任总机厂党委委员、副总工程师、总工程师。来到大庆后，为使各项工作走上正轨，他经常通宵达旦地埋头工作。老伴儿责怪他："你这样不爱惜自己的身体，你不要老命了！"他总说："咱们玉门人的钻井队队长王进喜说，宁肯少活二十年，拼命也要拿下大油田。我干了20年石油，也没干出什么名堂。现在，这么一个大有希望的油田摆在我的面前，国家需要我们赶快拿下，我们必须加油干，这个光荣任务完成了，丢了这条老命也值得。"他先后完成了B2-300柴油机大修机具，包括镗尔机、凡尔研磨机等机具的设计，主持完成了高压油泵试验台的研制工作。因积劳成疾，沈志霄于1969年去世，年仅59岁。

第二个故事讲的是和工友们亲如兄弟的钳工车间指导员李安正。李安正是河南新乡人，1954年加入中国共产党，1956年参军，1960年7月来大庆参加会战。1961年，李安正被提拔为钳工车间指导员。钳工们上班工作一小时，就会浑身大汗淋漓，到中午开饭时间，每个人工服都被汗水湿透了。他们常被人们称为"臭打铁的"，连对象都不好找。李安正的爱人，也是位农村的热心人。他跟他爱人说："我们车间的一线工人特别辛苦，咱们得多关心他们，帮那些小青年洗洗衣服。"一次，在拆洗一个哈尔滨来的新工人的棉被时，李安正发现这床棉被很单薄，就说："再过两个月就入冬了，棉被这么薄，怎么能御寒啊？"两人一商量，就把自家的一床棉被拆开，从中取棉花，厚厚地絮进了这个小青年的棉被中。

大庆石油会战时期的"五好红旗手"奖章

第三个故事讲的是质量标兵李居森。"车床对井口，24小时保前线"，这是大庆会战初期总机厂为确保钻井前线多打井、快打井，高速度、高水平拿下大油田而制定的工作方针，并相继制定了"三道防线"，后发展为"五道防线"，切实保障了钻井"火车头"安全、高速前进，为开发大庆油田做出了重大贡献。1962年夏天的一个下午，前线机修服务队派人带着一个报废的钻井配件——传动轴，风风火火地赶回厂里，直奔工具车间，要求立即按照原件加工制作一个新配件。车间主任接过样品端详一番，认为这是一个精密度要求较高的配件，便立即把这项任务交给了全厂有名的"质量标兵"、六级车工李居森。李居森二话不说，立即卸下正在加工的半成品，抓紧时间做好了一切准备工作。李居森是一位经验丰富、技术精湛的老车工，加工过的产品上万件，从未出过次品、废品，被总厂命名为"质量标兵"，1964年至1965年

会战中机修战线上的英雄模范

被评为油田"五好标兵"[①]。他亲自到井队现场进行测量，机修组很是为难，他说："钻机已经到达新井位，上级要求6个小时以内必须打开新井，不能影响井队正点开钻。"当时正值多雨季节，道路泥泞，一步一滑，草地上成团的蚊虫、小咬前呼后拥，不一会儿，就把人身体的暴露之处叮咬得红肿起来，往脸上拍一把，立刻脸上、手上全是血。最后，他顺利完成了配件加工任务。

第四个故事讲的是李树荣怒批"鸡胗被盗案"。三年困难时期，国家和地方政府根据实际情况，在粮油及副食品按工作岗位、工种定量供应的基础上，对部分人员实行特殊照顾政策，就是在粮食定量标准以内细粮多一点儿、油多一点儿；在副食品供应方面，在条件允许的情况下，肉、糖、鸡蛋多一些。总机厂开办了三种食堂：一种是以车间为单位的职工集体食堂，一种是符合优待条件的副处级以上厂领导、副总师以上科技干部就餐的中灶食堂，还有一种是为患浮肿病等营养不良症的职工开办的营养食堂。营养食堂主要是让患病职工尽可能吃得好一点儿，尽快恢复健康。

1961年秋的一天，中灶食堂发生了一起"盗窃"案。当时，食堂从农村购进两只土鸡，杀鸡时把鸡胗留下，准备给有胃病的老同志用。后来，鸡胗丢失了。结果查明，车间技术员不知道是给病人留的鸡胗，为给母亲治病，给母亲熬汤用了。李树荣得知此事后，没有批评技术员，而是怒批了管生活的同志。

第五个故事讲的是从会战中走出来的英雄战士——革命烈士于清涛。于清涛，1946年出生于辽宁省丹东市一个农民家庭。1964年，18岁的于清涛通过招工形式来大庆参加石油会战，他被分配到总机厂一加工车间学车工，在会战的熔炉中他进步很快，曾连续两年被评为红旗手。后来，他到沈阳军区

[①] 会战一开始，油田党委就强调一切工作都要立足基层，面向基层，服务基层，努力做到政治上帮助基层，组织上充实基层，工作上方便基层，技术上装备基层，生活上关心基层，把抓基层、打基础、建队伍作为自己的着眼点。1960年开展了学习王、马、段、薛、朱"五面红旗"和红旗单位活动。1961年开展了以"政治工作好，计划完成好，革命作风好，企业管理好，生活管理好"为目标的"五好"单位和红旗手活动。1962年提出了"加强基层工作，开展'五好'红旗队活动，大力改进作风，全面管好生产"的工作方针。详见《大庆油田企业文化辞典（60年）》P133。

装甲兵某部后勤修理所当专业技术兵。他曾表示:"请领导和师傅们放心,我一定以实际行动为大庆人争光,绝不会给大庆人丢脸!"1970年6月23日中午左右,于清涛去食堂就餐时,突然发现数百米远处的国营红光制药厂上空冒出一股浓烟,是火灾!那里存放了大量制药原材料,如硝基苯、酒精、电石等,这些原材料易燃易爆,且含有剧毒。险情就是命令,于清涛果断决定前往营救。在营救的过程中,突然一个硝基苯液体桶从高处滚落到地上,桶体被撞出裂缝。他一手将桶抱入怀中,硝基苯液几乎溅满了他全身,毒气熏得他喘不过气来,昏倒在地,光荣牺牲了!

这就是解放军,这就是大庆走出去的人!

感谢大庆这片红色沃土

曲广玲

扫码收听会战故事

口述人：曲广玲，1944年5月8日出生。1966年加入中国共产党。1961年9月进入松辽石油勘探技工学校学习，1962年6月被分配到大庆参加实习，同年9月参加石油会战，历任井长、小队长、地质研究所副大队长、采油二厂副厂长等职。2004年退休。

时　　间：2014年5月15日

　　记得那是1964年，大庆开始搞井组油井地下分析，把我给变成了个"地下警察"[1]。当然，那时候也没有证书，也没有啥奖励的。从1964年开始，大庆油田每届技术大会我都参加，就是上前面去讲我所管的井的油井分析、油水关系、产量怎么调上去、压力怎么样回升等。这点儿本事就是我跟地质大队的技术员学到的，管我的技术员是个女的，姓于，她的名字我记不起来了，因为那是40多年前的事儿了。这样，我就成了大庆油田的会战标兵了。我完全没有投机取巧，工作都是领着井组的人干出来的。当时我的井组工人，问他们压力多少、产量多少，没有一个不清楚的，因为我作为一个井长就是这么带队伍的。我井组的这些人对我们这几口井的地下情况，至少对参数都能倒背如流。岗位责任制就更不用说了，他们都能记住并

---

[1] 群众性的油水井分析活动开展起来以后，会战领导小组又提出采油工人要当"地下警察"的要求，就是要像民警熟悉道路、车辆、指挥交通那样，熟悉油田地下情况，指挥好地下油层中油气水的运行。1960年10月，贾世安和另外17名采油工人在采油指挥部召开的油水井分析表演赛大会上，被会战工委命名为大庆油田的第一批"地下警察"。到1963年8月，采油战线已有129名油水井分析能手，先后被命名为"地下警察"。详见《大庆油田史》P81～P82。

执行。

实际上，要说业绩最好的还是1965年，那年我们真是把井管得挺好的。无论是地面规格化啊，还是"三清四无五不漏"①啊，还是地下油、气、水啊，我们整得都挺明白的。其实，我成为标兵，就是因为在岗位责任制大检查的时候，领导觉得，这个小姑娘咋问不住呢！她怎么对她管的井这么清楚呢！其实，就这么点事，说白了，就是被人发现了。后来我那个井组有一个叫王丽梅的，她在"掺沙子"②的时候进北京大学了，然后当团委书记了，这在"文革"中属于很特别的。大庆还有一个很有名的女标兵叫张新兰，是我井组的，我带过她。到1966年秋天，我就被提拔为43队的副队长了。

我的经历其实没什么复杂的，我也从来没有承认过我是"女强人"，从来也没有想过要"争"什么。我在1964年年底当了采油队管井的井长，从那时起，我有了很多机会向别人学习，学着学着就学到了专家的队伍里，学着学着就学到石油部来了。

我想，最重要的是那个时代需要你。如果那个时代不从工人队伍中提拔干部，我自然也就没有这个机遇，再能也不行。很幸运的是，我在哪一级都没有当过虚职，在哪儿都得抓事儿。我得益于哪儿呢？我得益于大庆这块红色的沃土。我觉得，这一辈子不管是工人、军人，还是知识分子，如果能参加大庆石油会战，那将是他一辈子的幸事。我这一辈子的"财富"就是在大庆一级一级干出来的，所以我到石油部来工作从不气馁、从不打怵。因为什么呢？因为我是在大庆油田一步一个脚印，踏踏实实干过来的。我当年到油田，先当小工人、小井长，然后当小队长、地质研究所的副大队长，后来当采油厂副厂长。我管生产，也就意味着一个女同志管生产。那个时候就年产800万吨，职工队伍也有7000人了。因为当时忙，所以我的孩子脖子上挂个钥匙，放学就到调度室待着，等我回来。

---

①"三清四无五不漏"指的是井场要求的设备必须达到厂区清洁、厂房清洁、设备清洁，无杂物、无油污、无黑烟、无乱倒垃圾，以及不漏水、不漏电、不漏风、不漏气、不漏油。
②"掺沙子"本意为把沙子混合到其他东西里面。一度指在干部、知识分子队伍中插入工农兵人员。

会战时期，女子采油队参加劳动生产

凭什么让我管生产？光靠我政治出身好？很多人都可能误解当时那个年代了。我在这里要强调：不懂、不亲自干过采油，不努力、不上进，干得不好，光凭政治出身好，照样管不了生产！让我管生产是因为我当过采油工、基层经验丰富，能管好生产。在大庆管生产，我的感受是：第一，谁的成长都离不开大庆这块沃土，没有这块沃土不好长；第二，千万别小瞧采油工，别小瞧任何一个岗位。就是在石油部里，在机关这些人面前，我也没感觉自己比别人差，我就觉得我的阅历是他们上任何大学都得不到的。没有这些阅历，后面的事也不能驾驭。知识、能力和所谓的水平，是通过漫长的实践过程积累起来的。如果有一步迈错了，我就不是今天的样子。为什么我在油田这么受欢迎呢？第一，我在大庆得到了锻炼，参加了大庆石油大会战；第二，我是大庆精神铁人精神培养出来的，不是蛮干出来的。如果没有大庆这块沃土，我再有才华也没有机会去施展。

一件件小事儿蕴含的精神

口述人：李春福，1947年5月出生于黑龙江省双鸭山市。1972年7月加入中国共产党。1993年毕业于哈尔滨师范大学经济管理专业。1964年4月从双鸭山来到大庆参加工作，后在采油一厂三矿机关工作。1977年至1983年在采油一厂三矿中四采油队任队长、书记，1983年至2007年间，历任采油一厂企管科副科长、科长，采油一厂劳动服务公司经理，采油一厂驻威海办事处主任，华谊公司总经理，采油二矿矿长等职。1982年荣获"大庆市劳动模范"，1993年荣获"黑龙江省轻小工业标兵"，还获得过其他省市各级"先进模范标兵"称号。2007年5月退休。

李春福

时　间：2014年7月22日

扫码收听会战故事

我在五矿胜利村的时候，有一天余秋里来了，那时候我还不知道余秋里是干啥的，就只看到他只有一个胳膊。他问我："小孩儿，你能吃饱吗？"那时候我们都很小，十七八岁儿的年龄，就实话实说呗。我说："吃不饱！"我这话是中午说的，到了晚上，食堂马上改善伙食了，让大伙儿放开了吃，能吃多少就吃多少。我记得很清楚，这一放开以后，那天晚上，光苞米面饼子我就吃了8个，一顿吃8个啊！从那以后，伙食整个放开了，再也没有什么定量，也没有什么饭票了，因为原来定量多少斤是不能超过的。

余部长办实事儿啊！就因为我那一句话，伙食就改善了。当然，并不是我的话管什么用，而是余部长顺应了大家的心。我们盖干打垒盖了将近五六

辛玉和用放大镜检查钢丝

个月吧。后来为了解决大庆职工的粮食问题，我们又开始种地。在现在的刘高手那个地方，有很大一片地。我记得很清楚，我们在那儿铲苞米，一天一人几个垄，那垄也长，都看不到头。大概这样干到秋天，房子也盖完了，地也干完了，就开始往采油队分了。

当时把我分到了二队，是那时候的老二队，属于三矿管，地点就是现在油田公司的小树林那块儿。在萨尔图以外有两个屯，一个叫邵家屯，另一个叫盖家屯，我们二队就在邵家屯。那时候只有一个采油厂，叫采油指挥部。我刚来的时候当采油工，也干过测试，后来在小队地质组当组长。干了不长时间，我就被抽到矿里当调度了，后来又被提拔到生产组当组长。在这儿，我亲身经历了好多事儿，也知道了很多中四队的故事。

中四队是从萨尔图"钢铁四队"分出来的。中四队最早在南三队铁人村南侧那儿，从钢铁四队分出来以后，在那儿落的脚后来直接到了奔腾，当时奔腾那儿全都是平房。成立中四队的时候分过来了16个人，由辛玉和带队，还有何大选、杨德福等一些人。他们当时背着锅、刀、勺子，还有铺盖卷就过来了。那时候也没车啊，他们都是步行往这走，中间还路过一个铁人村呢。当天晚上，他们把东西撂下吃完饭，就跑到材料库里点着蜡烛学"两论"。当时没有电，也没会议室，每个小队都有个小库房，只有普通客厅那么大吧。那时候，那些老师傅就有这样的精神啊！

当时采油工的工作和今天有很大的不同。那时候采油工是要清蜡的，那刮蜡工具都得用钢丝下到地下将近一千多米，这样就必须定期检查钢丝。如果钢丝有沙眼断了，刮蜡片掉到油井里，就形成井下落物事故，不仅影响出油，打捞还相当麻烦。为了避免这样的事故，老队长辛玉和就拿着放大镜定期检查，照着1.8毫米的钢丝，检查有没有沙眼，他工作就是这样严谨认真。老队长辛玉和不愧是部级标兵，在他的队里，还有杨德福啊、薛延宝啊，工作起来都是那个劲头，也影响着我们后来的人。

在中四队，还有"一张报表"的故事，这"一张报表"是怎么回事呢？采油工每天都得填生产报表，填完了要交到地质组，地质组计算以后汇总产量。结果有一天不小心，有张报表被风刮走了。如果这张报表找不着，那可不得了了。第一，报表没了油田数据就没了，那叫失密泄密，是事故；第二，油田资料没了，没法填补啊。所以，我们集合全队人，到草原上拉网式寻找，最后终于找到了。所以说，高标准和严要求，一直贯穿在中四队的工作中。

那时候不像现在到处都是楼房，井场是一片大草原。采油工清蜡时打刮蜡片，可能掉下一个小钢丝接头，虽说这个钢丝接头就是一个废料，但我们要是随手扔在草地里，可是不行的。其实说不好听的，那算个啥呀，但那时候管理就这么严格。当时我们在井场周围划分了两个井之间的负责区域。比如说一边是23井，另一边是24井，23井和24井之间的区域，一半归这个井，一半归那个井。在各自井区所属的草地里面，就不能有像钢丝头那样的东西，都严到这个程度。油井房很高，我们得蹬着梯子上去，在房顶上操作，

完了得把房顶上的卫生打扫好。那时候我们经常进行岗位责任制检查，如果检查出这样的钢丝头，就给我们扣几分。因此，那时候每次领导还没来检查呢，我们自己就在草地里检查完了。

在中四队的日常工作中，就这样逐渐诞生了大庆的"三老四严"精神，即"当老实人、说老实话、做老实事"和"严格的要求、严密的组织、严肃的态度、严明的纪律"。这些精神都是在先有事儿的情况下，根据很多事儿，一点儿一点儿总结出来的。比如"严格的要求"，可能是从几个小故事里面总结出来的。1964年，大庆就做出了向三矿四队学习的决定。

以中一注水站着火为镜子

口述人： 李连举，1931年10月23日出生于吉林省长春市。1974年12月加入中国共产党。1956年2月在吉林桦甸安装公司参加工作，不久被调入东北石油九厂，1956年4月被调到青海石油局，1961年9月来大庆参加石油会战，1962年3月被调入采油一厂北二注水站。1988年被评为"石油工业部标兵"。1991年退休。

时　　间： 2014年7月28日

李连举

　　北二注水站连杆固定螺丝运转的时间太长了，它出现问题也是必然的。说来也巧，就在这个问题刚刚出来之时，中一注水站着了一次火，那是1962年5月发生的事，它比"北二注"发生的事严重多了。会战指挥部立即召开现场会，查找原因，发现是柴油机的排气管喷火造成的，它喷出的火星导致燃起了大火。"中一注"没有正式厂房，是临时搭建的，会战指挥部就号召全站查找问题的原因。这次火灾的后果非常严重，大火把注水站的5台注水机全部烧掉了，把厂房也烧光了，造成了一百多万元的重大损失。

　　会战指挥部的领导余秋里同志，亲自到现场开会，组织大家坐下来查找问题的根源。"北二注"的同志也前来参加这个现场会，受到的教育是深刻的。为了吸取经验教训，会战工委在中一注水站结合大家的座谈讨论，提出了从大量的、细小的、常见的工作入手，全面管好安全生产的要求。火灾给全油田的安全生产敲响了警钟，极大地推动了各个岗位上的安全生产工作的

宋振明（中排左三）蹲点北二注水站

开展。北二注水站以"中一注"这把火为镜子，以连杆螺丝脱落为突破口，在抓"低标准、老毛病、坏作风"上狠下功夫，查出"病症"，及时改正。说来说去，这些问题都是"没有规矩，不成方圆"造成的。记得在余秋里带领大家查找"一把火"的原因时，不少人都说，党有党章，国有国法，厂有厂规，管好生产必须要有一套科学的规章制度。于是，创建岗位责任制的方案，从此就正式列入企业管理的议事日程了。

创建岗位责任制从哪里入手呢？大家感到突出的问题是，每个人对在岗位上究竟应该管几样东西、具体做什么工作，心中无数。站里的设备、工具一大堆，究竟有多少，大家都不清楚。于是，罗政均站长发动大家从查物点数入手，把家底摸得一清二楚。家底摸清了，怎样才能管起来呢？罗政均站长看到张洪洲班把每样东西、每项工作由谁管及负什么责任，都具体落实到了个人，他认为这个办法好。随后，根据他们的经验，他把全站要管的东西和工作，按照生产工艺和工作量的大小划分为5个区、8个岗位，明确规定了每个岗位的职责,做到了人人有专责、事事有人管、办事有标准、工作有检查,这就是北二注水站最初制定的岗位责任制。光有岗位责任制还不行,制度必须得落到实处。会战指挥宋振明经常来"北二注"蹲点,他的用意就是让"北二注"的责任制落到实处。有时候宋振明来了,我们在班上也没有发现他,宋振明说:"我都来半天了,你们都没有看见,你们都在干啥呢?你们说说。"我们赶紧说:"我们大家都没有睡觉。"宋振明每次来这里,我们都认真总结一下自己的不足。有一次他来了以后,直接问我们:"站上有什么设备,设备上都有多少螺丝啊?"一时间我们真的答不上来,只能说不知道。根据我们这种情况,宋振明说:"你们要管好设备,搞好交接班,做到'三一、四到、五报'①。"是啊,我们要做到听到、闻到、看到、摸到,少一样也不行。我们"北二注"的全体职工,都有了这个意识,而且都能做到。听设备的声音,就知道它正常不正常;摸设备的温度,就知道它出没出问题。后来,我们形成了八大制度,包括正点到达制、正点交接班制等。这些制度已在"北二注"延续了50多年了,还没有改变,尤其是填写记录的制度,还跟当年一样,报表上写的字还像是一个人写的似的,工工整整,清清楚楚。到"北二注"看一看就知道了,可现在使用现代化管理设备,恐怕我也不会操作了,这是时代在前进。

---

① "三一、四到、五报",即对重要生产部位一点一点地交接,对重要生产数据一个一个地交接,对主要生产工具一件一件地交接;交接时看到、摸到、听到、嗅到;对每个检查点报点号、报名称、报现状、报问题、报措施。

"四个一样"不是开会开出来的

口述人：张学玉，1941年10月出生于黑龙江省依兰县，中共党员。1962年9月由依兰县农场调入大庆参加石油会战，任采油一厂二矿五队5-65井组工人，为"李天照井组"成员。

时　间：2014年8月4日

张学玉

扫码收听会战故事

1963年2月，我们有了新投产的井。我就正式被分到北一区三排65井组管井了。那时候的新井先得通过试喷试采，接上注水管线以后注水，转为注水井。后来着了一次大火，烧出个"岗位责任制"来。每个岗位上都做时钟牌，巡检员按时巡检，按时拨动牌上的指针。哪个岗位应该晚上1点巡检，巡检员就需要在1点整准时出去，到各个巡检点巡视一圈，拨动指针到1点。领导检查时就知道这个时段有人来巡检了，否则的话就是没巡检。

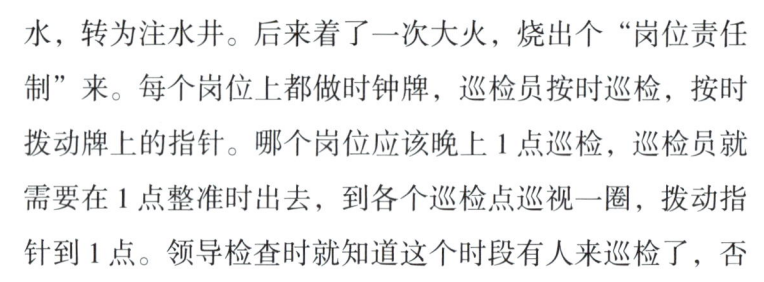

后来我又调到了五排65井，那里的井距，大约都在五百来米，中间约230米处，还有个干线（加热）炉。无论刮风下雨，巡检员都得去，天气越不好，越得勤检查。

有一次，李天照白班，我夜班。从白天到夜里，鹅毛一样的大雪一直下个不停。我看着纷纷扬扬的大雪，建议提前巡检。那时候，干线炉所在的地方地势都比较低洼。所以，雪融化了以后，水流进了炉膛，也容易淹灭炉火，引起干线炉爆炸。我跟李天照两个扛着两把铁锹就到了现场，结果雪水已经快没上炉膛了。于是我俩一边关阀门，一边开始挖沟排水。排完了水，又往回倒流程。干完了活儿，我俩急忙就去拨时钟牌儿，正巧碰见了宋振明主任。还有一次，下大雨，但到了上井量油、测气的时间。我到站里倒完闸门，披上雨衣，拿着压差计就出去了。那时候井上量油，可以不看时间，但测气可不行，得先放空，然后才能测。那会儿那个雨，下得跟瓢泼似的。我们头顶着雨衣，把压差计罩住，一边看数字一边记录，结果全身都湿透了。厂领导尚登第来查岗，看到我在那儿冒雨作业，就说："这么大的雨还干啊，等雨停了再测不行吗？"我说："天好天坏都得准时测量，一会儿回去，把衣服放水套炉上烤烤就行了。"油田开发初期，原油特别黏稠。油黏稠，结蜡点就必然高。这一高，每天光清蜡，就得清六七次。有一次，我上零点班儿，外面不仅雪下得大，还刮着"大烟儿炮"。我们冒着风雪，一边儿倒流程，一边儿上井房松堵头，松完了堵头，又去清蜡，结果蜡结得太厚，钢丝不好下。没办法，我们就把绞车刹住，用手往下压钢丝，压完钢丝，又启动绞车。碰巧，又赶上宋振明查岗，我们夜里冒雪清蜡的全过程，被他看得一清二楚。

当时，厂里组织岗位责任制检查，一般都是一个月一次，而我们井组，领导会随时抽查。有一回，我给干线炉控制压力表的球阀加盘根。恰好，赶上薛国邦来检查，他见了我就问："你干什么呢？"我说："加盘根，这个阀门总开总关，个把月就得加一次，不然就渗油。"薛国邦说："等检查时再加呗。"

李天照在巡检时，认真听流油声，判断井下情况

"四个一样"不是开会开出来的

我说："那不行，不管检查不检查，该加就得加。"薛国邦说："嗯，你们井组这个作风好。小毛病及时修，就会避免大事故。"还有一次，我上井检查油嘴，队长白云正好碰上，他就问我："油嘴有误差没有？"我说："没有，6.5厘米。"她看了看我满是油污的手，说："看来你们还真是按时检查呀！"

那时候，不管大小领导，偷查、夜查是常态，像宋振明、薛国邦等领导，还有矿长、队长，想查就查，从不定时。尽管这样，也没查到我们工作上有什么疏漏。那时候，我们上夜班常常犯困，有时候困得实在挺不住了，就到院子里用手拍那堆防火沙提神。时间一长，那堆防火沙被我们拍得见棱见角、四四方方的。

说良心话，"四个一样"①不是开会开出来的，也不是我们井组自己总结出来的，而是领导根据他们自己的明察暗访和我们的工作表现，由姓廖的一个文书执笔，宋振明牵头，共同总结归纳出来的。

"四个一样"能在我们井组产生，跟李天照的以身作则绝对分不开。在工作中，他言传身教，处处干在先、做在先。有一次，我们发现五排65井采油树阀门老关不严，一时又没阀门替换。为不影响生产，李天照主动去请示领导，申请修复。领导慎重考虑后同意了他的请求，但时间限定2个小时。李天照的确精通技术，领着我们几个人，仅个把小时就把阀门给修复了。

还有一次，我们更换干线炉的盘管。领导怕影响生产，要求我们在24个

---

① "四个一样"即对待革命工作要做到：黑天和白天一个样；坏天气和好天气一个样；领导不在场和领导在场一个样；没有人检查和有人检查一个样。这是大庆石油职工在会战实践中形成的优良作风。"四个一样"是大庆职工把党的优良作风和解放军的"三大纪律八项注意"同会战具体实践结合起来的产物。1962年3月，大庆油田建立和推行岗位责任制后，会战工委结合生产实际，开展树立岗位责任心的思想教育，增强了广大职工的责任心和执行制度的自觉性，涌现出以李天照井组为代表的一大批先进单位和个人。李天照井组负责的是一口1961年7月投产、地处油田边缘的油井。自投产以来，未发生过一次事故；井场设备863个焊口和170多个阀门，没有一个漏油漏气；使用的大小工具无一损坏丢失；记录的上万个产量和压力等数据，经反复检查无一差错；油井长期安全生产，月月超额完成原油生产任务。其基本经验是能自觉从严要求自己，做到了"四个一样"。大庆会战工委大力总结推广他们的先进经验，使"四个一样"逐步成为大庆职工队伍的优良作风。这一优良作风建立在广大职工的主人翁思想基础之上，其实质是一种高度的自律精神。职工队伍有了这种好作风，各项制度就能扎实贯彻，各项工作就能扎实开展，一个小队、一个班组、一个人即使单独执行任务，也能信得过。详见《大庆油田企业文化辞典（60年）》P168～P169。

小时内完成。当时，那个管线切割没什么别的手段，尤其是怕火的部位，只能用锯条锯割。李天照看到我们操起钢锯就在上面拉，就制止了我们，让先拉下面。他说："先拉下面，管内的存油可以淌出去。等管内的油淌净了再拉上面，就不会打滑儿。"我们按照他的办法，仅用了四五个小时，就抽出了盘管。

还有件事儿，发生在我到67井后的一次零点班儿的时候。那天，我量完刮蜡片，收拾工具的时候，发现游标卡尺上的固定螺丝不见了，就四处去找，找了半宿加一个上午都没找到。没办法，就去求队里新来的技术员，让他帮我写了封信，寄到了哈尔滨量具刃具厂，我还在信里放了10元钱。厂家被我的执着感动，不到一周，就把固定螺丝免费寄了过来。

那时候，晚上的时间都用来学习，学《矛盾论》《实践论》，这是"两论"，背《为人民服务》《愚公移山》《纪念白求恩》，这是"老三篇"。让我受益最深的，就是张思德那股锲而不舍的韧劲儿。"四个一样"，比的也是一股韧劲儿。

"五把铁锹闹革命精神"名副其实

王廷锦

扫码收听会战故事

口述人：王廷锦，1928年8月出生于河南省扶沟县。1949年9月加入中国共产党。1960年4月由玉门油田钻井处调到大庆油田，先后担任钻井指挥部二大队队长、生活办公室副主任、革委会副主任等职。1974年12月至1978年7月任大庆市农林办公室副主任兼农林局局长。1978年8月至1988年11月先后任石油工业部农副业办公室副主任、工会副主席、机关服务公司副经理、副局级调研员。1988年12月至1990年1月任中国石油天然气总公司行政事务部副局级调研员。

时　间：2014年5月23日

1961年年初，会战职工的家属陆续来到油田。双职工家庭的家属可以先来，我和我爱人是双职工，所以我的家属1961年春节以前就到了大庆。当时我老娘、我弟弟和我爱人再加上两个女儿，五口人都来了。他们到大庆以后，指挥部通知我，赶快到火车站去接。组织上给了我一间干打垒，我就安排老婆孩子住进去了。后来，家属慢慢地来得越来越多，来了以后就住在钻井队，因为没地方住，就混在一起住。钻井工10多天打完一口井，就去了新井位，想回家看看都难。我们挖的地窨子，在我们打完井走了之后就给家属留下住了。很多人就不知道家了，井队就成了家，这是现实问题，没有办法。当时来大庆的大部分家属都是农村的，没有城市户口，这也就意味着他们没有粮食关系，一家人都吃工人的这点定量。当时我们种了300多亩地，刚刚有些收获。家属一来，人多了，结果粮食又不够了。一个人的粮食全家吃,这样刚刚有所缓解的粮食问题又严重了。1961年的下半年到1962年的上半年,家里两口人也好、四口人也好,就吃一个人的口粮。会战的时候粮食并没有家属的份额,这是最大的困难,这个困难怎么解决成为大难题。

采油一部、采油二部的建设都在他们家属区附近,那时候既要打井采油,又开荒种地,还要搞家属区建设。我调到指挥部之后就搞油田建设,建农场、建基地。创业庄就是我在那儿蹲点时建起来的。有人来参观都是我在那儿负责接待,我是办公室主任,一般不在办公室待着,主要是在工地上。我蹲点创业庄,要办的事情很多。我们开垦了4000亩地,主要是1209队在那儿开垦的。创业庄当时什么都没有,就是一片大草原和两个大土包。我们先上去开荒种地,再带上一个建筑队,开辟"根据地"。当时没有机械化作业条件,基建上就靠人工建干打垒,建了4个村,在大草原上开了1万多亩地。

当时一共是5个家属队。第一家属队是搞农业的,第二家属队是搞生活和生产的,还有种菜的、养鸡养猪的。后来,来大庆油田的家属越来越多了,养鸡场、养猪场都建立起来了。家属队中还有一个基建队,是配合建干打垒的。所以说,创业庄的建设基本上都是依靠家属来完成的。

从农村来的年轻妇女,在农村都是年轻的劳动力,所以她们也很能吃苦。职工家属中也有年轻的知识分子,有的妻子抱怨丈夫说:"你把我骗到这儿来了,让我吃什么?怎么办呢?"大家就想办法,后来成立了家属建设队。

为了便于管理和组织,大庆油田成立了家属管理领导小组,做家属工作。家属管理领导小组选了两个家属领导人,其中就有"五把铁锹闹革命"的代表薛桂芳,她是"五把铁锹闹革命"的带头人。家属们有事一般都来找我,我给她们在铁人村那个地方弄了20多亩地,她们就在那儿开荒种地。刚开始,我们只是带着"五把铁锹闹革命"中的5个人去劳动。我们先把帐篷给她们支好,她们就在那儿开荒种地。后来去开荒种地的发展到了19个人,她们种黄豆、玉米、蔬菜等。那年的收成还不错,每个人可以分到200多斤粮食,100多斤菜。机关领导一看,这个方法很好啊,后来就发动所有家属参加

「五把铁锹闹革命精神」名副其实

会战工委发动家属参加集体劳动，独立自主、自力更生

集体劳动，独立自主、自力更生，不拖职工的后腿，不给大庆石油会战添乱。就这样，我们既解决了家属们的生存问题，又为大庆石油会战创造了条件。余秋里部长专门召开家属大会，在油田层面成立专门负责家属工作的生活办，还设了一个女工科。

当时，油田下辖的各单位都把薛桂芳请去，让她传授经验。余秋里部长知道这个事情后，很赞成，说这是个好办法。后来，油田就号召全战区，把家属们都组织起来进行劳动，这也是油田建设的一部分。就这样，全战区开始学习"五把铁锹闹革命精神"。从1963年到1965年，创业庄的家属基地建成了，这样就有条件把分散在外边的家属都集中在创业庄了，让他们有房住、有地种。1965年，创业庄成为万亩农庄，成立家属管理站。杏树岗也有一个家属管理站。

在后期，创业庄建设生活基地的时候，油田又给他们配了三员"大将"。其中一个就是芮冬英，她负责家属工作。后来又把我们俩调到了大庆农林办，我是主任，她是副主任。这时候薛桂芳岁数大了，芮冬英就成了"五把铁锹闹革命"的负责人之一。后来经过一段时间的锻炼，她成了副队长。还有一个是芦菊,她是创业二村的,是钻井一大队的家属,是个劳模。最后一个叫苑柏琴,她是杏树岗建筑队的。她们三个都是从"五把铁锹闹革命"开始的时候起步,在建设创业庄基地的过程中成长起来的,最终都走上了领导岗位。当时,在大庆油田的家属中还涌现出了一大批劳模。

"五把铁锹闹革命精神"是在大庆石油会战的特殊情况下,逐步发展完善起来的一种自力更生的可贵精神,是大庆油田艰苦奋斗的"六个传家宝"①之一。

---

① 艰苦创业的"六个传家宝"是大庆艰苦创业传统的重要内容。在大庆石油会战以及后来的油田开发建设中,大庆人发扬爱国主义精神,以"有条件要上,没有条件创造条件也要上"的英雄气概,不畏重重困难,艰苦奋斗,逐步形成人拉肩扛精神、干打垒精神、五把铁锹闹革命精神、缝补厂精神、回收队精神、修旧利废精神。这六种精神被誉为大庆艰苦创业的"六个传家宝"。详见《大庆油田企业文化辞典(60年)》P171。

母亲是一把闪亮的铁锹

口述人：连秀英，薛桂芳的二女儿；连成栋，薛桂芳的小儿子。薛桂芳，女，1913年出生于甘肃省酒泉县（今甘肃省酒泉市），1940年随家迁至玉门油矿，1960年随丈夫来大庆参加石油会战，1962年转为国家干部，1964年加入中国共产党。历任钻井指挥部创业庄家属一队指导员、安达市副市长、创业庄家属管理站党支部书记、全国政协委员、大庆市妇联主任、大庆市政协副主席等职务。曾荣获"全国三八红旗手""黑龙江省劳动模范"和"大庆家属标兵"等光荣称号。1962年大庆会战工委授予她"五把铁锹闹革命的带头人"称号，1962年至1965年连续4年被评为"大庆五好家属""石油工业部标兵"。1989年6月因病逝世，终年72岁。

时　间：2014年7月25日

连秀英（右）与连成栋（左）

扫码收听会战故事

我们跟着父母来大庆创业的时候都还小，也跟着这代人受尽了苦。当年大庆会战一开始，第一个问题就是挨饿，吃不饱。1960年的秋天，黑龙江就给我们下了通报，说黑龙江的粮食供应已经到了底线。那时候是"五两管三餐"，一天五两粮食，分三顿吃。我们是"二稀一干"，这放到现在应该够用了，因为现在有红焖肉、红烧鱼，还有黄瓜、豆角、土豆等辅菜，那时候一律没有，我们吃的都是咸菜和高粱米粥、糊涂粥。黑龙江的高粱米很难煮烂，像石头子似的，吃了以后，基本上是整吃整拉。我那时候一天去好多次厕所，小孩子就更不用说了。余秋里部长和康世恩副部长总说："咱们有这么好的土地，为什么不自己种地呢？"于是，在1961年以后，会战工委就号召搞大庆的南泥湾，各个指挥部都有生活基地，我父母单位的机关打算在安达的大喇嘛屯开荒，我母亲就是那个时候投身到开荒垦地中去的。

1960年我母亲跟着我父亲来了大庆。我母亲坐不住，多次跟我父亲说："我不能在家待着吃闲饭，我也要出去干活儿种地。"那时候，我父亲在钻井指挥部当调度，没有休息时间，都是连轴转，十天半个月也回不了家，我们三四个孩子需要照顾，我母亲也出不去，憋得她在家里直打转儿。记得有一天，我爸回来了，一进屋，笑容满面地跟我妈说："我告诉你一个喜事，我有希望调回招待所。我要是调到招待所了，你就有时间了，你不是要种地嘛，这回就有希望了。"我母亲那时候已经将近50岁了，一听这话，她高兴得不得了，马上说："那你就赶紧办手续，办回来以后我就出去，那咱们的娃子怎么办呢？小的我背着，大的留在家，让他们自己管自己。"所以后来我们都是自己在家照顾自己，背着的孩子就是我们最小的弟弟连成栋。

"五把铁锹闹革命"的带头人（从左到右：王秀敏、丛桂荣、薛桂芳、杨学春、吕以连）

母亲是一把闪亮的铁锹

1962年4月中旬①，经过了三四天的说服动员，我母亲又找了4个人，一个叫吕以连，一个叫王秀敏，一个叫杨学春，一个叫丛桂荣，她们5个人，背着3个孩子。这5个妈妈带着孩子还拿着小锅，从早上走到下午，走到了八一村，她们蹚着没腰深的草，通过泥塘，累得不行了。我母亲当时一看远方有种地的人，还有一个破房子，就把我弟弟放在地上。我弟弟都饿得不行了，哭都哭不出来了，那我母亲也没管。她对那几个人说："你们看着我这个娃子，我到地里去，老梁告诉我了，基地的指导员姓李。"她就跑到那儿，把她的愿望一说，负责人特别慷慨，一看这是5个女人来了，还带着孩子走了一天，他就带着几个人拿来一块帆布，帮着把房子搭起来，就能住人了。她们进去把孩子放下，3个孩子饿得全睡着了，当时李指导员感动得热泪盈眶。

　　第二天，这5个人把孩子放到破房子里，就出来干活儿了。3个孩子在那儿正玩着，忽然跑出来了就喊："不好了，屋里来狼了！"吕阿姨离帐篷不远，比较年轻，扛着铁锹跑过去，看见一只狗正在那儿吃剩的高粱米饭，原来是钻井基地一条长得像狼的狗，把3个孩子吓得蹲在草地里直打哆嗦。她一铁锹就打到狗脑袋上了，把狗打跑了。从这以后，我母亲她们就不敢把孩子放在那儿了，只能背着孩子挖，挖三天也没挖三间房那么大一块地方。后来生

---

① 1962年4月16日，钻井指挥部薛桂芳率领另外4名家属，带着五把铁锹开荒种地，被誉为"五把铁锹闹革命"。大庆石油会战初期，正值我国国民经济处于严重困难时期，各方面条件都很差，主、副食品供应不足，4万多名职工的生活相当艰苦。特别是从1961年开始，职工的家属一批一批地来到油田，吃粮吃菜更加困难。为了渡过难关，大庆会战工委号召家属发扬南泥湾精神，像革命战争时期那样自己动手、丰衣足食。这一号召得到了职工家属们的拥护。1962年4月16日，钻井指挥部机关的职工家属王秀敏、杨学春、丛桂荣、吕以连，在薛桂芳的带领下，扛着铁锹，背上行李，抱着孩子，到离住地15公里外的地方去开荒种地。在那里，她们利用钻井队留下的活动房架，找了个破帐篷，搭起了简易住房。晚上，大人孩子就睡在垫着干草的地上。她们用铁锹翻地，手上长满了血泡，没人叫苦叫累，3天开了5亩地。在她们的带动下，陆续又来了一些家属。为了提高劳动效率，她们又学着用人拉犁，终于赶在春播前开出32亩地，种上了黄豆，当年收获1800多公斤。会战工委领导及时总结了经验，大力宣传这一精神，使之成为鼓舞广大家属发挥"半边天"作用的精神力量。职工家属以薛桂芳等为榜样，纷纷走出家门，组织起来参加集体农副业生产劳动。家属自己动手，大搞农副业生产，既给国家减轻了负担，又增加了职工的家庭收入，还解决了职工、家属两地分居等问题，对稳定职工队伍起到了积极的作用。家属生活在集体之中、组织之中、制度之中，参加劳动和学习，精神面貌发生了很大变化。详见《大庆油田企业文化辞典（50年）》P34～P35。

活基地的李指导员就说:"不行,不能让你们这么挖了,还是给你们搞副犁杖吧。"这以后,这5个人天天扶犁耕地,开始开垦荒地了。后来,李指导员把这个事情反映给了钻井指挥部,康世恩副部长说:"有这么能耐的人,有这样的女人,这不是穆桂英嘛,通报到全大庆。"这事就在全大庆传开了,所以就有了"五把铁锹闹革命"的事儿。油田借此动员家属,说薛桂芳50多岁都能干,你们年轻的为什么不能干?过了十几天,又来了40多个人,没地方住,生活基地给支了个帐篷,这个事儿就干起来了。到秋天的时候,庄稼已经长得特别好了。后来还流传出一首短诗:"一群女人的汗水,笑对着脚下闪亮的铁锹,扬起发硬的黑土,那土飘着香气,女人们的脸晒得像树皮一样粗糙,鼓足女人的劲儿,挺起男人的腰,一锹一个脚印,一个脚印一个幼苗,是渴望的生长,是雨露的关照,让庄稼没过了眉梢,我走进青纱帐,分不清外边是采油姑娘的笑声,还是迎接丰收的人在彩云中嬉闹。"当时,我母亲还带着一群妇女干活儿,抬着肥料走十八里,两个人一筐,中间休息三回,到地方都累得不行了。1960年发大水,把我母亲她们种的东西都淹了,土豆没长成的时候,泡一天就烂了,特别可惜。

后来各个单位的生活基地都开始建了。比方说王进喜的二大队,他们的生活基地就在杨树林那个地方,那地方地势比较高。我们钻井指挥部的生活基地就在八一村。为什么那个地方叫八一村呢?当时咱们的转业兵来了,没地方可住,就在那地方搭起了帐篷,盖干打垒,盖起了草窝棚,所以那地方起名叫"八一村"。八一村那地方地势也比较高,碱地比较少。后来我母亲又带着一批人到了杨树林,第二年庄稼长好以后又转移到现在的创业庄了。

母亲是一把闪亮的铁锹

勤俭节约办厂子

王凤允

口述人：王凤允，1924年6月出生于辽宁省丹东市。1950年6月加入中国共产党。1950年初在东北军区参军，在中央军委装备部计划部任文件掌管员。1954年12月从部队转业到石油总局专家工作室担任文书，1957年调石油部档案室任档案员。1958年随丈夫调松辽石油勘探局黑龙江大队工作。1959年12月调到刚组建的石油第五设计院任文书。1962年12月任大庆油田供应指挥部缝补组（大庆缝补厂前身）党支部书记。1981年10月退休。

时　　间：2014年5月19日

当时，缝补厂主要生产"两旧一新"[①]的棉工服，给前线工人们穿。从前线收回来的那些旧衣服沾满了油污，都是钻井队交上来的，我用秤称过一次，一件棉衣上的油就有21斤重！从建筑工地上收来的衣服，相对好一些，但一抖也都是灰。我们把这些脏衣服拆完了，放在大锅里煮，煮出来的都是油沫子。拆衣服时，我们把扣子、领钩和裤鼻子一个个收起来装到麻袋里，用碱水洗净后再利用起来。那个时候就是这样，要勤俭节约，过紧日子。到了后期，我们厂里的人发了工作服，我丈夫说："你们真不错啊，我们在机关里到现在也没一套衣服呢。"连机关干部都

[①] "两旧一新"中的"两旧"就是旧里子、旧棉花，"一新"就是棉衣面换成新的。"两旧一新"就是把旧衣服、旧棉花拆洗干净，用洗干净的旧衣服布做里子，再把洗干净的旧棉花弹好，絮在里面。

没有工服，而我们厂里的工人发了工服，大家真的都乐得够呛。

那时候，不管是不是专职干部，都得到车间里干活儿。在车间里，我们用的布一点儿都不能浪费，大块的补袄里，小块的补洞眼，剩下的麻花布贴领心，再剩下的不能当布用的，就和棉花放到一起，做棉手套用。很多年以后，我的孩子问我："老娘，那时你们做的手套能暖和吗，是不是糊弄人哪？"我说："你们不能隔着历史看问题，那时候就是那样的条件。"想想，那时的手套是不太暖和，但也是没有办法呀。可就是那个时候我们缝补厂做的手套真是解决问题了，不然前线工人那手都得冻坏了。所以说，我们缝补厂为石油大会战解决了大问题。

当时，我们厂里有一个大车间、一个材料车间、一个制鞋车间，还一个什么车间记不清了。当时的制鞋车间，把破烂鞋收回来，能穿的留出来，不

缝补厂的职工们在拆解旧工服

勤俭节约办厂子

191

能穿的拆了，用水泡开，重新再做，虽说都是旧东西，但是做起来挺好的。还有胶皮靴子，都是刮坏的，我们用胶水把坏的地方粘上后穿着也挺好的。洗衣房也想办法建了一个水池子，在池子里泡脏衣服。我进过水池子里，池子里的味道可大了，又是碱味，又是汗味，又是脏衣服的味……

那时候，真是一分钱掰成几半花呀，5厘钱的皮带钩都舍不得买。当时有个转业兵叫陈维汉，他到废料堆里找来钢丝，再撅成一个个裤钩，这就是5厘钱的精神哪！锅炉房的刘继青到处去捡扣子。我记得他说过一句话："我们一个扣子也不能丢嘛。"那时候，我们厂里节约成风。画记号的蜡笔头，用得差不多了，就把剩下的小头头儿收在一起，用手搓好，晾上，然后再用。还有笤帚，用坏了也舍不得扔，把用坏的笤帚绑成一把，再重新用。在那个困难的年代，为了会战的工人能穿得暖，我们缝补厂的人就这样勤俭节约。大庆工委和我们供应指挥部都非常重视缝补厂。余秋里部长常来厂子里，他溜溜达达就来了，还有吴星峰也常来。领导们看到厂子太破了，破烂的牛棚四处透风，余秋里部长就说应该盖个锅炉房，不然太冷了，工人得取暖哪。余部长说："咱们大庆今天学马列主义，明天学马列主义，这个马列主义就在这个地方，都来看一看嘛。"后来，很多领导都来了，油田各个单位也陆续来参观，后期很多省市的人也来参观了，最后发展到我们开始接待外宾了。

1966年5月4日，周恩来总理陪同阿尔巴尼亚的外宾来到了我们厂，我们远远地看到周总理坐在大卡车的前面。因为我是党支部书记，会战工委安排我在厂里接待总理一行。我很紧张，怕出差错。总理进厂后，我一时都不知道说什么好，显得很紧张。总理穿得很朴素，衣服的袖子、领子都磨坏了。大家走进接待室以后，里边没有凳子，没有椅子，就是一些大木头啥的。总理他们坐下后，就听我介绍。从接待室出来时，总理还问了我叫什么名字。总理又进车间里转了一圈后，我们把一件"两旧一新"的棉工服，大概补了200块补丁，还有修好的大头鞋，一起送给了阿尔巴尼亚的客人。这两样东西是经大庆工委领导同意后送的。当时总理拿了个三角形的小旗子，紫红色的，上面有只鹰，要送给我们厂。我伸手接的时候，由于紧张，小旗掉在了地下，总理立刻弯腰捡了起来,对我说:"你拿着,这是中阿友谊的象征。"我记得最清楚的是,总理还叮嘱我们说:"要继续艰苦奋斗"。

总理和外宾走了以后,我们组织讨论,大家都备受鼓舞。随后我们的干劲真是不一样了,生产能力大幅提高。那一年我们厂完成了3万套单工服、3万套棉工服的制作任务,工作效率提高得真是非常快。再后来,中央的领导也来了很多,有李先念、贺龙等,贺龙元帅还对我们说:"你们的党员少,要发展哪!"此后,我们厂的党员发展到了40多人。缝补厂自成立以来获得过很多荣誉,有石油部的,有大庆工委的,等等。

深山集材立战功

口述人：喻新盛，1938年10月出生于安徽省淮南市。1959年8月加入中国共产党。1955年2月参加中国人民解放军，1960年3月从部队转业到大庆参加石油会战，被分配到运输指挥部团委任干事。1961年3月在北京石油工业部干部学校政治师资班学习。1963年5月任运输指挥部十三车队指导员。1964年调到石油工业部政治部任宣传部干事。后调回大庆运输指挥部任党委书记。后历任大庆油田宣传组组长、大庆油田政治部副主任、大庆油田党委副书记等职。1978年5月调江苏油田任党委书记。1986年调石油部运输公司任党委书记、经理等职务。1998年退休。

时　间：2013年11月26日

大庆油田开发初期的会战，使我们得到了锻炼。突击战是我们的一大考验，第二个考验就是过冬，人要过冬，车要进库。我们得盖房子，在地窖、板房里过不了冬。盖房子就需要木材，省里让我们进山砍伐一批非常好的木材，从山上运到油田，这个任务交给谁呢？我所在的车队那时候不叫"特种车队"，叫"特别中队"。张子玉书记找我谈话时就说过，这个任务非常艰巨，要做好充分的心理准备。那时候会战开展"五好运动"，要求五好上山，五好下山。后来我又补充了一句：上山的人不掉一块皮，上山的车不掉一块漆。这个要求就更高了。开动员大会时我说，领导能把任务交给我们队，是因为信任，我们保证完成这一艰巨的任务。结果包括老一点儿的同志，身体差一

1964年，硬骨头十三车队上山集材，在汤旺河拉运原木

点儿的同志，有一些慢性病的同志，都写了请愿书要求为会战出力，以解燃眉之急。

　　这次任务比较艰苦，我们兵分两路前往伊春和亚布力（尚志市）两个地方，而这两个地方都没有像样的路。1963年12月，我带一大部分人，到小兴安岭汤旺河这个地方，副队长陈志杰带一路人到尚志市。队里要求在路上注意纪律，吃饭住宿都要向解放军学习，不能损坏老百姓的东西，出事要及时处理，要做不穿军装的解放军。同志们都非常严格地遵守这条纪律，吃饭发现碗打了，要赔人钱；跟老百姓要了只鸡，必须给钱；在路上车坏了，车轴掉了，要了一个树干垫上了，也要给钱。这样，我们比较顺畅就到了汤旺河。到了汤旺河还不算到了目的地，还有四五里路，不通车。我们就拿着洗漱的东西，徒步走这一段比较艰难的路。那时大雪封山，大家都走得筋疲力尽。而这时候，群众的号子反而激励着我们。大家处处展现解放军精神，一路伴着歌声，到了这个地方。

到了那里，最重要的是把职工宿舍搞好。于是，大家一起努力找柴火生火，找石头垒墙，用了三天的工夫把宿舍建起来了。在这个过程中，石头要从冰上刨，到处也都是树，关键是水，没有水和不了泥，所以没水是最大的问题。于是，我就领着一部分人找水。跑了几个山坡终于看到一个比较平的坑，在坑里刨了一米多深也不见水，都是冰块，只有回去生火烧冰了。面对这种情况，大家都说把冰刨回去算了吧。可我不这样认为，就鼓励大家再坚持一下。就这样，我们拿着铁杆子继续戳，戳到一米五左右，水"哗"的一下涌上来，大家都非常兴奋。但这个地方太远了，不能平时天天都来这里挑水，所以就必须继续找水。后来发现，我们驻地旁边的树林里有口井，这个井有十来米深，一看堵得死死的。刚开始，一个技术员下去刨了八九十厘米还没有见水，上面的人就有些着急了，因为他比较瘦小，我就让他上来，我下去。大概戳到一米五，井就被戳开了，水一下子就上来了。水的问题解决了，有了房子，剩下的我们就担心粮食了。条件真的太艰苦了，洗衣服的时候，两盆的衬衣倒完开水上面都是虱子，吃饭的时候摸一摸身上都跟抹了菜油一样，后来床上还有臭虫，特别难受。

后来我们就开始运木头了，运木头的第一个条件就是要有路，没有就要修路，正所谓"逢山开路，遇水搭桥"。从山里到山外大概有十五公里到二十公里，我们和装卸工一起大概修了十几天就基本能行车了，随后骨干们就开始了第一次试运。山里的木头靠民工伐下来，用拖拉机运到停车场旁边，再吊到车上。那时没吊车就靠人拉肩扛，前面两个人，后面两个人，喊着号子往车上抬。木头都很粗，叫"罗雪松"，一根就几百上千斤重。就这样，运输工作开展起来了，问题也就随之而来了。我们带的粮食不够，就到附近山下去买大萝卜，回来放一放当菜吃。我们的粮食没有了，但是山里面有，1958年下放的人走了，但把粮食留下了。但粮食发霉了，大米饭煮出来就跟高粱米一样，特别难吃。没办法，只要发霉不太严重的、味道不是太重的米都得吃。但是，也不能长期这样下去呀！后来我跟大家商量，要带领队伍外出买菜。

我们开了两台车，12点左右到的县城。我就对大家说："咱们下午什么都不干，就休息。"司机徐金标胡子、头发特别长，衣服被火星子烧得一个洞一个洞的，身上还有一股多少天没洗澡的汗臭味。他就趁着休息的空当儿，去理发店理发，这引起了理发员的注意。理发员寻思："只怕是从劳改农场逃跑出来的逃犯吧！"理发员不动声色地报了警。警察来了就问："你们是从哪儿来的，来了多少人？"徐金标就回答说："从萨尔图集体来的，来了100多人，是我们领队带我们来的。"警察又问："你们领导在哪里？"大家回答说："在招待所呢！"就这样，警察到招待所把我也直接抓了回来，问我说："劳改犯怎么从林子劳改队里跑出来的？"我非常纳闷儿，解释说："怎么成劳改队了？这是石油单位农垦代号啊！这是我们的司机，是共产党员，优秀的工人呀！"听我这么说，人家就要看我的工作证。看了之后，就给我赔礼道歉了。后来我也不好意思说这个理发师傅，师傅理完发之后也没要钱，感到十分抱歉，觉得是对我们工人人格的侮辱。我就说："你这样做是对的，是有责任心的表现，该给钱的给钱，我们队伍有纪律，不给钱可不行，大家也都不容易。"就这样，我把徐金标领回来了。虽然是个笑话，但那时候的劳改队确实比我们穿得都好，最起码衣服上没有窟窿。下山的时候，在滨江车站候车进站，检票员对我说："你在哪儿找那么多劳改犯啊？"我说："我们哪是劳改犯，我们是石油队伍啊！"当时工人的服装真是弄得破烂不堪，有的袖子破了，有的扣子没了，于是就拿稻草扎上、绳子捆上。

十三车队就是硬

口述人： 高连和，1931年出生于黑龙江省双城县。1976年加入中国共产党。1958年参加工作，1959年在松辽石油汽车驾驶学校培训。1960年1月来大庆参加石油大会战，5月任运输一区队汽车驾驶员。1963年5月选派到运输硬骨头十三车队，随车队12次进山拉运油田急需的木材，多次被评为"五好红旗手""五好红旗设备标兵"。1978年3月31日，被大庆党委、大庆革委会授予"一心为公的好司机"光荣称号。

时　间： 2014年12月21日

1963年我接了第一台车，就是1261车。这辆车原本是李义章开的，他很能干，开车技术好，但车保养差，车况不太好。这辆1261车就是我的钢枪，我的宝贝，我的好伙伴。我爱护车像爱护孩子一样，哪儿出现问题都及时修，但凡零件能修的绝不领新的。弹簧断了就自己焊上，皮套坏了就让老伴儿给补一补，车的完好率达到了94%，每年油料费能节省上万元。单位组织岗位责任制大检查，我的车次次被评为"红旗样板车"。后来由于工作需要，我们车队换车，这辆车交给驾校了。我擦了又擦，洗了又洗，还真舍不得！

我按照车队的要求，认真刻苦地练技术，提高驾驶水平。我练出了蒙眼拆装化油器、分电盘的技术，坚持对车辆进行巡回检查。在车队开展的技术练兵中，我驾驶我的爱车过独木桥，无论什么车速，我都能顺利前进、利索倒退、定点停车，都能做到准确无误。我们车队司机爱护车辆绝不亚于战士热爱自己的钢枪，爱车如命，而且个个技术过硬。1977年4月，"全国工业学大庆会议"[①]在大庆召开。我和我的1261车受到了党和国家领导人的接见并为参会代表进行技术表演，获得了领导们的称赞。现在想起这件事情，我都感到很幸福。"硬骨头十三车队"作为标杆单位，接待过国内外很多领导人和参观考察团，我们为全国各地9700多人做过50余次技术表演，次次准确无误，没出现任何差错，展现了我们十三车队过硬的基本功。每次有人来参观，我都会很骄傲地告诉大家，十三车队就是硬！一是硬在技术，二是硬在有那么一股子硬精神！

当时社会上有句顺口溜：一有钱，二有权，三有听诊器，四有方向盘。我毫不夸张地说，那时候会开车，找媳妇都好找，一点儿都不困难。但我在十三车队30多年，一直把"汽车人民给，开车为人民"当作自己的座右铭，从来没有开国家的车为自己办过私事。我先后为油田120多个单位服务过，拉运过数以万计的生活和工作物品，从没有要过、拿过服务对象的东西。会战的时候，有一次我给省建四公司拉木料，当时由四公司材料员带队，但人带少了，只去了3个人，装车的人不够，我就帮装帮卸。装卸的时候，车上有两个人，下面有两个人，装卸了整整一天。那个单位的材料员见我帮装帮卸很辛苦，心里过意不去，让我晚上到食堂一起吃饭。由于出车师傅没有地方吃饭，一般都是用车单位提供简单的工作餐。但我到食堂一看，食堂餐桌上摆了满满一桌子饭菜，特别丰盛。我就说："这不行，这哪行呢？我是执行任务的，你们用我的车子是应该的，我给你们跑车也是应该的，这饭我不能吃，吃了我就是多吃多占了！"材料员多次劝我，但我还是拒绝了。材料员看我不愿意吃饭，就对我说，那些木头板你拿点儿吧。会战那时候各家都时兴盖个小房儿，就是在住着的干打垒旁边房头那里盖个小房儿，装点零七八碎

[①] 1977年4月20日至5月13日，全国工业学大庆会议先后在大庆油田和北京举行。4月20日，会议在大庆油田开幕。中共中央主席、国务院总理华国锋主持开幕式，国务院副总理李先念致开幕词，大庆市委书记宋振明介绍大庆的基本经验。4月27日，大会在北京继续进行。5月4日国务院副总理余秋里受中央委托向大会做报告。5月13日大会闭幕，国务院副总理纪登奎致闭幕词，副总理王震、谷牧向代表颁发"光荣册"。详见《工业学大庆史》P172～P175。

的，当小仓库了。当时还时兴用木头打个箱子或者柜子啥的，木头板可是稀缺资源，很不好找的。不过，我还是拒绝了。当时我就想，你也拿点儿，他也要点儿，往小了说这是贪小便宜，往大了讲这是损公肥私，国家是受损失的。饭没吃，木头板也没拿，我就走了。材料员很感动，就在我拿路单的时候给我写了一封表扬信，大致内容是："该同志服务态度好，帮装帮卸……"虽然我没有占到"便宜"，但我心安理得，问心无愧！

现在想想，在大会战中，我在"硬骨头十三车队"真是受益良多。在车队我只是一名普通司机，可组织却给了我至高的荣誉，我曾被石油工业部评为"劳动英雄"，被黑龙江省评为"特等劳动模范"，连续10多年被评为"五好红旗手"或"先进个人"，被授予"大庆市劳动模范标兵""黑龙江省劳动模范""一心为公的好司机"等光荣称号。我今年80多岁了，能和你们坐在一起回忆当年的会战情景，我觉得又激动、又幸福。我自己只是一名普通的司机，一辈子握紧方向盘，没啥出奇的地方。我讲大庆石油会战中的故事，讲的不仅仅是我自己，更是和我一样拼命大干学铁人，奉献青春洒热血，甚至献出了生命的队友们。我退休后没离队，又干了好几年，主要是带带年轻人。1996年，我才算正式离开了十三车队的工作岗位，可我的心还是在队里，常回队里去看看。十三车队的硬骨头精神还在！这些年我们十三车队，还有运输、钻探的一些单位请我去讲我们十三车队的硬骨头精神、讲大庆的优良传统、讲大庆会战的精神、讲我自己的成长奋斗经历，我很乐意讲。我就是想让青年人听我讲后能有所感悟，能对以铁人王进喜为代表的老一辈石油人的"爱国、创业、求实、奉献"精神有更深的理解和感悟，让大庆传统和作风、让硬骨头精神发扬光大。这是我们这一代人的最大心愿。

高连和的"劳动英雄"奖状

总会想起"文化大院"

口述人： 孙宝范，1939年11月出生于黑龙江省绥化市。1970年6月加入中国共产党。1961年8月从哈尔滨师范专科学校毕业后分配到大庆参加石油会战。会战期间历任大庆职工子弟学校教师，会战工委政治部宣传部干事，大庆战区文工团创作员，钻井指挥部二大队宣传干事。1964年回到会战工委政治部宣传干事岗位。2000年作为主要执笔人出版了《铁人传》，获"中华铁人文学奖"。

孙宝范

时　间： 2014年11月25日

当年，"文化大院"的诞生，我觉得是会战工委对油田早期文化建设重视的结果。大庆石油会战初期，在那么艰苦的条件下，会战工委就把《战报》办起来了。当时会战工委领导说，现在会战工作千头万绪，党委还没有文件，咱们先办个《战报》，有啥事通过报纸一下就捅到群众中去了。

大庆石油会战一开始，就把思想政治工作、宣传工作、文化工作、教育工作开展起来了。其中，文化工作抓得早，在别的团体都没有成立时，战区文工团就成立了。当年我还被调到文工团工作过一段时间。从这一点上，就能看出当时会战工委特别重视文化工作了。

我要讲的"文化大院"，就是在会战工委重视文化工作的基础上诞生的，时间是1963年。我酝酿写关于"文化大院"的回忆文章时，心想起个啥样的题目呢？想来想去，觉得叫《我想起了"文化大院"》比较合适。引我遥

想当年的"文化大院"的，一是"文化大院"在我心中一直放不下，二是大庆油田历史陈列馆建馆，勾起了我对"文化大院"的记忆。自陈列馆开馆以来，我经常到那里去，每次去参观，只要看到了会战时期的二号院，就会想起当年的"文化大院"。那时，二号院一共有七栋房子，一栋至五栋用于会战领导和生产办、政治部等部门办公；六栋是行政办，六栋和七栋内有一些客房，用来接待部机关和新闻界、文化界来访客人；七栋是接待处，当时叫七栋招待所，大概有二十几个房间，有时陪国家领导人来的工作人员也住在这里。在二号院西边，还有一个像大车店一样的招待所，一般来人就在那里住。许多年以后，为了扩建"世纪大道"，拆除了六、七两栋，现在只剩下一栋至五栋了。

1963年12月，周总理在全国人大二届四次会议上宣告，中国实现了石油基本自给。1964年，毛主席发出了"工业学大庆"的号召。这时，大庆油田就比较有名了。后来中央又决定让余秋里、康世恩在北京做报告，大庆的影响就越来越大了[1]。我这里还保存有当年秘书写的余、康报告的初稿，上面还有领导的签字。从那时起，陆续有个人和团体到大庆来参观学习，特别是新闻界和文化界的一些记者、作家、艺术家们。

来的人多了，七栋招待所就住不下了。领导说，七栋不够用了，咱们就再盖个第八栋、第九栋。于是就在马路对面抢建了八栋和九栋，专门用于接待新闻界和文化界的人。这两栋"凹"形的预制块儿平房，围成了一个大院，里面有类似今天标准间式的大小客房、各种会议室、餐厅、卫生间、澡堂，还有小卖部。和位于二号院西边的像大车店一样的大众招待所相比，这简直就是星级宾馆了，名字就叫八、九栋招待所，简称为"八九栋"。后来在这两栋前边又盖了个第十栋，但名称没有变。这样，这三栋房子就构成了一个

---

[1] 1963年年底，党中央决定宣传大庆。1963年12月24日，康世恩向北京市机关1万多名干部作《关于大庆石油会战情况的报告》；1963年12月28日，彭真同志主持召开中央机关十七级以上干部大会，余秋里在大会上做报告，这是第一次全面、系统地总结大庆的工作。详见《工业学大庆史》P32～P35。

王进喜在八栋前与作家和文艺工作者们的合影（从左至右：著名作家李若冰，上海电影厂编剧二林、叶丹，王进喜，湖北作家王以平，上海电影厂编剧王苏江）

院落。

当时我们感到，住在这里的人都是贵客，用工委领导的话说，"这都是毛主席派来的客人"。大家纷纷表示，一定要接待好这些贵客。当时，盖八栋和九栋的时候，工委把这个任务交给了油建指挥部。那时油建正在试验一种新的建房方法，叫"预制化施工"，就是用"预制块儿"盖房子，这两栋房子都是用"预制块儿"盖成的。从此，这个大院人进人出，车来车往，热闹非凡，成为一个"文化中心"。这里接待的大多是新闻界和文化界的来宾，大家逐渐就把这里称作"文化大院"了。"文化大院"的名字就是这么来的。

为什么我一参观油田历史陈列馆，就会想起"文化大院"呢？当时，铁人王进喜是钻井二大队的大队长，我在二大队生活过。我平时就在他的身边，住在二大队，有时也随他开座谈会住在"八九栋"。当时我是会战工委政治部宣传部的干部，所以，宣传部部长徐文野跟我说："铁人那边儿没事的时候，

你就在这里参加接待工作吧。"这样,我就两边跑,成了"文化大院"接待组的半个成员,有好多事我都参与了。所以,一看到陈列馆,我就会想起"文化大院"当年的那些事儿。

在大庆的发展建设史上,"文化大院"只是短暂的一瞬,但它完成了历史使命,它所彰显的时代价值和留下的情感印记,必将令人难忘,成为永恒的存在。2014年8月12日,我去采访当年的"院长"徐文野,他动情地说:"从1964年到'文革'前,八、九栋招待所接待的有记载的团体单位有60多个,各类人员有2000余人。其中名人大家有100多位,他们写出的作品共60余万字。可以说,该来的都来了,能写的都写了。今天想起来还是让人激动不已,大受鼓舞!"

我负责接待文艺方面的名人

口述人： 钟珊，1933年出生于湖南省，中共党员。1953年毕业于新疆军区俄语专科学校，任新疆中苏石油公司俄语翻译。1960年9月来大庆参加会战，曾在钻井前线蹲点，先后发现并总结出1202、1203、1206等钻井队的先进事迹。排演的话剧《初升的太阳》，赴京演出近百场。会战期间任钻井指挥部宣传部部长，大庆会战工委政治部家属政治部副主任。

时　　间： 2014年5月22日

钟　珊

在钻井指挥部，我还做了一件事——办培训班。当然，钻井指挥部党委也是很支持的，不支持我也搞不成。培训班的培训地点就在打虎庄后面的活动板房里，定期地举办培训活动。都请什么人讲课呢？当时，我们培训班请李敬来讲过《三国演义》，请杨录讲过"如何提高钻井技术"，还邀请王廷锦讲过"基层如何搞副业"。当时，我们的培训对象主要是基层干部，例如指导员、支部委员等，在时间上一个班就三五天。

那时候上级宣传部门给我们下任务，要求我们定期开展培训交流，邀请专家讲理论课。我们的直接领导是杨晓华，会战工委宣传部部长是徐文野，他们认为我们培训搞得好，当然这不是我一个人的功劳，但我是头儿嘛。我还组织大家编诗集，搞文艺竞赛，带队到上级部门去比赛，很多活动都得了奖。我们钻井宣传部的墙上有个表格，那上面都打着钩儿，展现工作进度和完成情况。

扫码收听会战故事

1963年冬天，我被调到了二号院。组织上可能认为我还是一个很能干的人吧，让我接杨晓华那一摊工作，负责理论教育和宣传工作。后来，组织上又让我搞接待，具体负责接待文艺方面的文化名人。新华社、人民日报社、中国青年报社等来的记者都由我接待。作家、音乐家、画家等各类艺术家，来到我们大庆油田也都由我负责接待。我的一项重要任务就是陪同新闻单位的人外出采访、采风。

那时有很多文艺团体来大庆油田进行慰问演出。夏天蚊子特别多，在野外演出必须注意防蚊。当时，有个歌舞团去前线慰问演出，演员们都戴着蚊帐帽，面前是个黑色方形的小纱窗，能透过小纱窗看见台下的观众。演员们上台去唱歌，观众看不到他们的脸。让我印象最深刻的是接待南京来的前线歌舞团，团长是女的，我现在忘了她叫什么名字了。她到井下指挥部的107队去体验生活，那正是过去我蹲点的地方。当时大庆油田正在搞"101、444"会战。我把王晓棠还有几个演员都带去了，哎哟，钻井工人们的工作场景把他们感动得都流泪了。工人们在提升钻杆时，泥水就从钻杆上面洒下来，他们一个个被浇得像泥人似的，不一会儿泥水就结成冰了。参观的文工团团长当时就说："身穿冰凌甲，北风当电扇。"工厂们在码管子的时候，一个工人的棉袄袖子撕开了。这个女团长和演员还带着针线，纫好针后，过去按住衣服就开始缝补。但是，大冬天的，衣服都结冰了，硬邦邦的，都缝不上去啊！107队的队长唐真顺说，在室外缝衣服可不行，就把大家请到了屋里，可是针还是扎不进去。那个团长很感动，当场就流泪了。大家都说，石油工人这样干，真的不要命啊！进了屋，温度高，衣服上结冰的泥浆"哗"的一下，就落到地上了，全是冰。

当时，大庆油田还组织了许多作曲家参与创作。《我为祖国献石油》这首歌就是在这种背景下诞生的。这首歌的词作者是薛柱国，采油指挥部的，也是个有天赋的工人。他经常给我们职工演出队写剧本，他写的这首歌词，在《战报》上登出来了。1964年，毛主席号召"工业学大庆"，新华社等媒体对大庆宣传报道得正火热。当时的沈阳音乐学院的院长、作曲家李劫夫带着他的学生秦咏诚，还有很多作曲家正好来油田体验生活。他们先参加了10天的油田专业知识学习，然后下基层体验生活，在"铁人"王进喜任队长的1205钻井队生活了3天。秦咏诚等人回到指挥部招待所的当天，我们就拿来一摞歌词，希望他们能为歌词谱曲，宣传石油工人战天斗地、不怕牺牲的作风。别的作曲家们都选完了，秦咏诚在一摞剩下的歌词里翻出了薛柱国写的《我为祖国献石油》，细细品读，歌词所描绘的意境与表达的情感深深地打动了他。秦咏诚在体验生活的时候就跟薛柱国认识了，我们把薛柱国的地址给了他，他就去采访了薛柱国。"铁人"钻井队从玉门顶风冒雪转战东北不就是为了"为祖国献石油"吗？秦咏诚越想越觉得若干个音符已经在脑海里跳动。这天下午，在招待所的食堂里，他用20分钟时间就完成了谱曲。他谱完了曲以后，回到三号院。当时来油田的戏剧家、音乐家都在那儿住。秦咏诚对我说，你哼一下试试。我那时爱唱几句，就根据谱子哼唱了一遍。这首歌后面那个高音部分一开始不是那么写的，是低的，没那么高亢。我说："你这个好像不够劲儿啊！"他说："你再唱一遍，我再听听。"我就又哼唱了一遍，在唱到"哪里有石油哪里就是我的家"的"家"这个地方的时候，就按照自己的理解，唱成了高音。所以，《我为祖国献石油》这首歌可能跟我的试唱有点儿关系，也算是我对这首歌的一点儿小贡献吧。

慰问团的第一次慰问演出

口述人：徐文野，1930年1月出生于天津市。1953年9月加入中国共产党。1960年4月被调入大庆参加石油会战，到大庆前任石油工业部机关党委办公室副主任。会战期间，历任会战工委政治部宣传部部长、会战工委政治部副主任、会战工委委员。1974年7月调离大庆，先后任石油工业部政治部副主任兼宣传部部长、石油工业部科技情报研究所党委书记、中国石油文联副主席兼中国石油电视协会主席等。2000年被授予中国"百佳电视艺术工作者"称号。

时　　间：2014年8月12日

1964年3月，一股强劲的春风在北京生成，这股春风要一路向北，吹拂松辽平原，给大庆油田带来新的气象。继记者团之后，来大庆的是中国作家协会慰问团，中国作家协会书记处书记、著名诗人张光年为团长，李季、赵树理为副团长，李季兼任秘书长。

1963年12月，中央特地安排石油工业部余秋里部长、康世恩副部长为北京市各机关、院校作大庆会战情况的报告，另外还给中央直属机关和国家机关的干部作大庆会战情况报告。这个报告在北京引起很大反响，与会者很受鼓舞，作协代表团的人都听了这个报告。

作家慰问团就在这种背景下组建起来了。慰问团由中国作协全国各省分会的作家、艺术家（包括舞蹈家、曲艺家）及作协的工作人员一共40人组成。当时慰问团里有著名作家：张光年（光未然）、李季、赵树理、周立波、艾芜、徐迟、周韶华，还有湖南的年轻作家王以平；曲艺界的名家有：天津快板书艺术家李润杰，北京的相声表演艺术家马季、于世猷，黑龙江曲艺表演艺术家（山东快书）黄枫，上海的评弹艺术家赵开生、邱肖鹏、唐耿良，歌唱家胡松华、江桂英、姜湘忱，舞蹈家赵青，演员王晓棠、言小朋夫妇，剧作家孙维世，朗诵家殷之光。

他们首先学习余部长、康副部长这两个报告①，做一些准备。余秋里部长在北京接见了作家慰问团的全体成员，并与慰问团合影。1964年3月2日，慰问团奔赴大庆。作家慰问团负责张罗具体活动的是李季，他相对年轻一点儿，对石油行业熟悉，早在1961年来过大庆。作家慰问团到了大庆之后，康世恩副部长组织座谈会，介绍了大庆会战的情况。慰问团于3月4日在采油指挥部进行了第一次慰问演出，采油指挥部后来改称第一采油指挥部，也就是现在的采油一厂，那里有大庆唯一的一个俱乐部，很简陋。慰问演出由秘书长李季主持，团长张光年致慰问词，康副部长致欢迎词。慰问团提前做了准备，主要是一些小节目，歌唱家唱歌，舞蹈家跳舞，作家有什么特长也进行表演。

著名演员殷之光朗诵了李季不久前创作的《石油歌》，这首长诗充满激情，用艺术的方式激发人们的斗志："一听说，大庆石油工人打了大胜仗，止不住，心花怒放高唱石油歌。高唱石油歌，越唱心越乐。唱的是石油工人干劲高，祖国的石油赛江河……"后来，这首长诗发表在《战报》"欢送中国作家慰问团"的专号上。孙维世到大庆之后，听了介绍，晚上没睡好觉，即兴写了一首诗，叫《我歌唱》。著名电影演员王晓棠朗诵了毛主席的《七绝·为女民兵题照》。她的爱人、八一电影厂演员言小朋看见《战报》上登载的石油人赵明勋的组诗《风流人物数今朝》，觉得不错，在会上朗诵了其中的《硬骨头》和《老黄牛》。著名相声大师马季说相声，著名作家赵树理打陕北的大鼓，著名作家周立波即兴创作并朗诵了诗歌，著名作家徐迟朗诵了即兴创作的诗歌《地宫》。赵树理还朗诵了他填写的《竹枝词》，歌颂石油地质工作。

---

① 1963年12月28日，余秋里、康世恩在中央直属机关和北京市干部大会上做关于大庆石油会战情况的报告。

著名作家艾芜朗诵散文《巡逻的风格》，后来这篇散文也在《战报》上登了出来。著名快板大师李润杰打快板，他的快板说得真是绝了，同样的风景、同样的人物、同样的悲喜剧，在他的快板里角度就不一样。他给大庆文工团讲课就说到这个创作方法，还讲到作品要有"凤头、猪肚、豹

1964年3月10日，《战报》发表《会战职工热烈欢迎作家慰问团》

尾"，就是开头要漂亮，肚子要有内容，收尾要快要有力。

慰问团的首场演出很成功很受欢迎。这之后，作家慰问团一分为二，分成两路到两个点慰问，一路到龙凤炼油厂，这是炼油化工点；一路到让胡路，这是基建点。他们分头慰问演出，一共演了4场，这几场都是在舞台上表演。后来他们分散去井队、医院，演出的都是短小的节目。石油职工不只想看节目，也想看看他们这些有名的文艺大家。他们有的年岁比较大了，还来大庆这么艰苦的地方慰问。能看看名人的小节目，大家就非常感动了。更何况，这些小节目都非常有乐趣。比如评弹艺术家赵开生，到病房演唱，病人就集中到一个屋里观看。有的病人下不了床，赵开生就到病房去为他一个人来一段评弹。还有唐耿良，唱评弹原来都是用苏州话，演出的时候北方人听不懂，他就用普通话唱。他们岁数都不小了，可是为了宣传大庆精神，都努力学习大庆精神，表达出了他们热爱大庆、热爱石油人的心情，大庆职工都特别感动。

这是我们的"石油国际歌"

口述人： 秦咏诚，1933年7月出生于辽宁省大连市，原籍江苏赣榆。1950年加入中国共产党。1956年毕业于东北音乐专科学校作曲系研究生班。1957年进入中央音乐学院学习一年。1978年任辽宁省乐团副团长、沈阳音乐学院作曲系主任。1986年至1996年任沈阳音乐学院院长。后应邀在北京做《音乐生活》杂志主编。作品主要有管弦乐《欢乐的草原》，小提琴曲《海滨音诗》，歌曲《我为祖国献石油》《我和我的祖国》《毛主席走遍祖国大地》，电影音乐《创业》等。声乐协奏曲《海燕》1981年获第二届全国音乐作品铖良奖。

秦咏诚

时　间： 2014年9月23日

扫码收听会战故事

在1205钻井队，与王铁人和钻工们朝夕相处了3天，我们拿到了第一手资料，感受到了石油工人尤其是王铁人的爱国精神、艰苦奋斗精神。有时候我都有一种错觉，我好像是与王铁人一起从玉门来的，自己就是大庆石油人。我心里一直憋着一股劲儿，好像一团火，随时都可能燃烧。

回到招待所后，宣传部送来了一大摞歌词。音乐家们都找自己喜欢的，开始创作谱曲。李劫夫创作了《采油树》，瞿维创作了《工人阶级硬骨头》，这些歌都是在大庆创作的。后来李劫夫对我说："大家都选完了，你也选一个，创作大家都有份儿，你年轻，也得写。"我说："我就等着这句话呢，你不说话我不好选哪！"我就开始认真地选歌词。我一首一首地仔细看。忽然间，几句

歌词触动了我的情感："锦绣河山美如画，祖国建设跨骏马；我当个石油工人多荣耀，头戴铝盔走天涯。"一种共鸣在我的心里回旋。我仿佛看见王铁人和石油工人们乘坐在火车上，看见祖国的锦绣河山和快速发展，他们的激情就像火车一样带着他们奋勇向前。石油工人的爱国热情和奉献精神令我感动不已。我情不自禁地念着《我为祖国献石油》的歌词，旋律马上就从心里迸发出来了。那是充满激情的旋律，是表现石油工人满怀热情、勇于战天斗地的豪迈旋律。

为了不影响李劫夫创作，我到食堂去，坐在那里20分钟就完成了谱曲，特别顺当。这是一首三段体的歌词，是ABC结构，没有重复，一段十二句。我的创作灵感与它合拍，所以一气呵成。我写好后给李劫夫看，劫夫说不错啊。第二天，中央歌剧院的一个女演员听说了《我为祖国献石油》这支歌，就来找我。她看后，立即哼唱起来，然后说这歌真好啊，要去教石油工人唱。她这一教，大家都觉得这首歌很好，唱出了自己的心声，所以许多单位和个人都来要这支歌。当时没有复印条件，我就整天抄歌单。他们拿去也争着抄啊，一张张歌单传到了石油工人的手上。很快，大约是在1964年的3月底4月初吧，在大庆到处都在唱《我为祖国献石油》。

最早把《我为祖国献石油》唱响全国的是长影乐团的男高音李世荣。他当时在沈阳演出，恰逢我从大庆回到沈阳，听说我写了这首咏唱石油工人的歌，就跟我要歌单，我就给了他。我记得，1964年5月4日中央人民广播电台的"每周一歌"节目播放的就是李世荣演唱的《我为祖国献石油》，后来刘秉义把这支歌唱出名了。1965年，当时29岁的刘秉义是中央音乐学院声乐系的青年教师。在一个偶然的情况下，他看到了中国音协的一本杂志上登载的这支歌，就特别喜欢。两三个月后，中国唱片社就为刘秉义录制了《我为祖国献石油》78转的大唱片。唱片一经推出，就受到了社会各界尤其是石油工人的热捧，这支歌被誉为"石油工人之歌"。后来，刘秉义还被授予"荣誉石油工人"称号。《我为祖国献石油》成了刘秉义的代表性歌曲，被唱遍了中国几乎所有的油田和大江南北，唱成了华人音乐经典。

我为祖国献石油

《我为祖国献石油》由薛柱国作词，秦咏诚作曲

这支歌流传很快、很广。不只石油人在唱，我走到哪里几乎都能听到这支歌，我曾经听见一个小青年骑着自行车边走边唱。有一次，辽宁省委书记召开一个会议，沈阳歌舞剧院也参加了。他问大家："最近你们歌舞剧院出了一首歌叫《我为祖国献石油》，挺流行的，作曲的来了没有啊？"可见这支歌也传到省里了，评价也不错。这支歌的影响很大，在大庆和各油田，领导和石油工人中有不少人都说，他们是听了这支歌后走上石油战线的。有人说，《我为祖国献石油》传到海外了，在国外，只要听见这支歌，就知道唱歌的是中国石油人。可以说，《我为祖国献石油》是我们的"石油国际歌"。

这是我们的『石油国际歌』

《石油工人硬骨头》唱出了精神的豪迈

口述人：徐志良，教授级高级工程师。1937年10月出生于四川省成都市。1981年加入中国共产党。1958年毕业于北京石油学院钻采系采油专业。1960年4月随新疆石油文工团调入大庆参加石油会战。1961年3月被正式调入大庆战区文工团，任创作组组长。之后，先后在《战报》、松辽石油会战工委宣传部、原大庆文化局工作。1976年被调入采油工艺研究所，历任综合室主任、副总工程师。1998年退休。

时　　间：2014年7月26日

徐志良

扫码收听会战故事

当时大会战要经常开大会，都在广场上开，开会之后，一定是要"拉歌"的。这边是采油的，那边是钻井的，这边是油建的，那边是安装的……很多单位聚在一起，都是年轻人，就像部队一样。"拉歌"就是：钻井的来一个，采油的来一个，油建的来一个！但是，唱来唱去都是《三大纪律八项注意》《我们走在大路上》等解放军的歌，就没有唱石油工人的歌。张文彬局长把我叫过去说这个事。他说："大家唱这些歌没什么不好，但是唱来唱去没什么新意，总是让人觉得少了点什么！解放军有解放军的歌，咱们石油工人也得有自己的歌啊！你去写些歌，让大家唱一唱。"张文彬的话一字一句地敲击在我的心坎儿上。在我看来，这是一项工作任务，也是我们石油系统文艺工作者的责任和使命，我们要努力用好的文艺作品来全方位展现石油工人的独特可贵品质才行。

我一直想用一个词来表现石油工人的本质特点，可究竟用什么词合适呢？

石油工人英雄汉？不行！"英雄"这个词太宽泛了，不具代表性，不是石油工人独有的特质。就这样，我想了很多词，反复自问自答。低着头，眯着眼，吃饭想，走路想，睡觉想……一晃3个月过去了。当时正值寒冬，一天深夜，我躺在棉帐篷里，会战以来的场景在脑海中一幕幕地闪过……突然，我想起毛主席说过鲁迅先生是中国人当中骨头最硬的。当时大会战正赶上国内三年自然灾害时期，国际形势也很严峻，各方面条件都特别艰苦。这个时候，中国人能把腰板挺起来，能站起来，需要的就是硬骨头。对！硬骨头！石油工人硬骨头！这就是石油工人的本质特征！自大庆石油大会战以来，从领导到工人，表现出的精神特质就是硬骨头！我越想越兴奋，立刻从床上蹦起来，伴着昏暗的油灯，提笔即写：石油工人硬骨头，哪里有困难往哪里走！在那么艰苦的岁月里，石油工人战天斗地，迎着困难往前冲，这两句歌词不正体现了石油工人的这种风貌吗？头两句写出来了，下面的就变得无比顺畅，整首歌词很快就写完了。

石油工人硬骨头／哪里有困难往哪里走／踏遍祖国好山河／战天斗地显身手／自力更生／艰苦奋斗／为了社会主义勇做五好红旗手

石油工人硬骨头／铁打的肩膀钢铸的手／披荆斩棘创大业／千斤重担挑起走／奋发图强／艰苦奋斗／为了社会主义勇做五好红旗手

石油工人硬骨头／只有向前绝不退后／毛主席著作学得好／一颗红心跟党走／奋发图强／艰苦奋斗／为了社会主义勇做五好红旗手

压在我胸口的那块儿大石头终于落地了，我感到前所未有的身心舒畅。我自己也不禁默默地点头："硬骨头，真带劲！"

大庆文工团里有个叫赵正林的，他原来是海军文工团的，转业到这里的，手风琴拉得特别好。我就找到他，让他给谱曲子。张文彬听了这首歌后说："小徐啊，你这个写得好呦！"大庆文工团决定，让大家学会后到各小队里面去教工人们唱。随后，这首歌在《工人日报》上刊登出来。版面排得很大，

会战工委机关报《战报》1964年1月9日第1版

还给我寄了稿费。后来,《人民日报》《歌曲》《解放军歌曲》《诗刊》《人民文学》等报刊也都登了,也都给我寄了稿费。稿费有6块钱的、有10块钱的。稿费一来,大家就说:"老徐,请客,请客!"那时候一包好烟才五六毛钱。

这首歌曲得到了广泛传唱,对石油会战起到了很大的鼓舞作用。当时,有个"硬骨头"车队,为什么叫它"硬骨头"车队呢?因为这个车队每年冬天都要到冰天雪地的大小兴安岭去集材。1963年的冬天,大庆运输指挥部运输二大队三中队副中队长陈志杰带领大家进山集材,他们面对脚下300多米长的"万人愁"和"万人愁"后面300多米长的大坡,斗志昂扬,迎难而上,高唱着《石油工人硬骨头》，从下午4点到夜里10点多，硬是把30多辆车推到了集材地。当他们还在山林中酣战时，1964年1月9日，大庆《战报》在头版刊发了题为《志气大 硬骨头 不怕困难 勇挑重担 运输陈志杰分队斗志昂扬奋战林区》的消息。这是第一次将"硬骨头"3个字用在车队上。同年4月20日，大庆运输指挥部运输二大队三中队被石油工业部正式命名为"硬骨头车队"。后来，井下作业指挥部还树了一个劳动模范，叫"硬骨头"石油战士王武臣。可以说，"硬骨头"三个字是形象的、具体的，有着强大的生命力和感染力。当时写出这首歌，让我自己也很受激励。这首歌反映了当时石油工人斗志满怀的精神状态，现在我们还是要发扬这种精神。

《石油工人硬骨头》唱出了精神的豪迈

我们背后有一面大庆红旗

口述人：范桂林，1940年12月出生于辽宁省海城市。1979年6月加入中国共产党。毕业于辽宁海城市第二中学，曾任海城市小码头村小学校民办教师。1963年2月，跟随丈夫来到大庆参加石油会战，因在原工作单位辞职，成为职工家属，后当售货员。在独幕话剧《康庄大道》中初露表演才华，后入选大型话剧《初升的太阳》剧组，饰演女主角郭德英。1966年1月至1977年7月，该剧先后三次进京演出，轰动京城，共演出800多场。1982年转为小学教师。1993年6月退休。

时　间：2014年12月13日

1966年1月14日，我们乘坐T18次特快列车出发，15日早晨到达北京，开始了《初升的太阳》[①]在北京的演出行程。到北京以后，石油部的孙景生和严冰去接的我们，让我们住进了位于六铺炕的石油部招待所。从16日开始，我们在石油部礼堂装舞台，在食堂里排练。18日晚上，我们就开始演出。康世恩副部长和其他领导都来看演出了，我们终于见到康副部长了，就是康副部长到大庆来，一般也不容易见到啊！演出结束后，康世恩副部长还给了极好的评价和表扬，他说这部剧充分表现了大庆家属闹

---

① 《初升的太阳》是著名导演孙维世和大庆的家属、工人共同编创的6场大型话剧。由金山导演，大庆职工家属业余演出队演出，反映的是在毛泽东思想哺育下的大庆职工家属，如何破除封建观念，从脱离集体生产劳动的消费者变为自觉参加集体生产劳动、走上革命道路的劳动者的一段历史。详见《大庆油田企业文化辞典（60年）》P339。

革命的精神，做得非常好。他还关心地问我们家里头都安排好了吗，说在这里的一切都要安排好啊，等等。我们从18日晚上开始演，一直到28日每天都在演。其中26日那天演出，郭沫若去了！同去的还有刘白羽、杨朔、曹禺、荣高堂，这些都是名人啊！我这双手，和很多名人握过，真的是激动！在学生时期我就拜读过他们的作品，那时候见到真人了。

一开始上北京演出，领导嘱咐不要说我们是大庆的，说是安达的，那时候大庆对外还保密。有一回我去看病，一个中年妇女瞅瞅我说："你是搞文艺的吧？"我说："我不是。"她说："不是？怎么那么像啊？"我也没吱声，赶紧转身走了。不敢说啊！我怕别人问，因为那时候问我的人特别多。从1966年的1月一直到11月，我们一直演到"文革"开始。中间回到大庆一次，在战区巡回演出，快到国庆节了又去北京接着演。在北京去中南海给周总理演完以后，又在北京各军区、各院校、各大直属机关演。在这些地方演了以后，就提出来要公演，公演就是卖票演出。在卖票演出的时候，我们就忙不过来了。有的时候一天演三场，我那时候体重就剩80多斤了。孙院长他们关心地说，怎么才能把我催胖点儿。那时候，我是干吃不胖，我一劳神一累脑，身体就不胖。

两位院长很担心一个问题，就是时间长了演"滑"了。什么叫"滑"了呢？就是成为流程了。我上台了，就一个动作几句话，说完了就下去了，没有什么实质性的情感表达，没有更深层次的东西，这就叫"滑"了。他们很怕这个，所以不断地叫我们找差距，不断地要我们学习新的内容、新的知识。我们每天的生活是这样的，晚上演出，早上起来吃完饭，先坐下来学习。那时候我们的领队是钟珊副主任，头一天演出出现的问题，由钟珊向金院长和孙院长汇报，她领我们学习。我们主要学习当时大庆各方面的形势，会战工委有什么指示，学完以后找差距。另外，不断地领我们参观，让我们阅读学习有关石油会战的报道。比如当时，月打井进尺上万米了，誓师报捷啦，学铁人等，用这些来激励我们，演出时一想到这些我们就跟着高兴。所以在后来的演出中，每一次见到中央首长，两位院长就跟我们说，这就是我们演出

的动力，钟珊副主任也跟我们这样讲，我们也是这样认为的。那时候，不说受中央首长接见，就是能上北京就很了不起。谁能随随便便上北京啊，特别是我们是代表大庆去的北京，感觉特光荣啊！在油田建设上，我们又没做出什么丰功伟绩，那么我们几个为什么就受到中央首长的接见呢？因为我们后面有一面旗帜：大庆红旗！

从1966年一直到1977年，《初升的太阳》先后三次进京演出。有一次上北京的大兴区去演出，因为我有病了就停演了几天。有一天，我在外面散步，正好宋振明也在外面散步呢，他看着我就说："你好了吗？病好些了吗？"我说："谢谢宋部长，我好多了！"他说："再演两场你们回家吧，你们太累了！"那么多领导关心我们，让我们非常感动。

《初升的太阳》也和铁人王进喜有着紧密的联系。铁人可关心我们队了，我一上北京就发现他和我们都被安排在了石油部的招待所。有一次，进京前要在哈尔滨住一宿，巧的是，铁人也要上北京汇报。他到了哈尔滨，知道我们住哪儿，准得过来看看，我们大伙儿就都上他那儿去。宾馆不是都铺着地毯吗，他就席地而坐，他就是那种风格。有几个群众演员是西北人，他都很熟悉，他就像家长似的跟我们唠嗑儿。到了北京也是，我们要是都住在部招待所，他也一定去看看我们，说点儿家常话。

铁人爱看戏。最后一场戏结束前是大丰收的场景，我们把家属们种的东西都抬上去了。大庆种出的大柿子椒啊、大南瓜啊、大白菜啊，真拿到石油部了。我记不得那是一个什么会议了，铁人在上面讲大庆现在的大好形势，讲着讲着就捧出个大瓜说："看，我们家属种的大瓜！"看到这个场面，底下的人这个乐啊！有的时候，他正在讲话呢，什么东西掉了，他就跳下台，捡起来上台再接着讲。这就是石油工人的豪爽，太没架子了。1966年10月1日，周总理接见我们，大厅里不是都有沙发嘛，周总理、陶铸等领导都在那边坐着，还有32111钻井队的领队在那边坐着。铁人不这样，他"噌"一下子跑到周总理跟前，席地而坐，把铝盔拿下来就放在沙发上。接见结束后，他站起来就走，周总理拿着铝盔，喊："老王，铝盔！"他回过头来一乐，从

《初升的太阳》剧照

总理手里接过铝盔，戴上就走了。多朴实，多可爱！

我们就这样在北京一场场地演出着。为了更广泛地宣传，上级决定从大庆抽调一些演员，再组建一个演出队。这才有了《初升的太阳》演出二队，这些都是后话。

大庆会战的功绩不可磨灭

口述人：蔚占吉，1939年2月出生于陕西省朝邑县。1959年5月加入中国共产党。1952年考入西安石油学校（后改为西安石油学院），1954年6月毕业后被分配到玉门石油管理局计划处，先后担任统计员、主任科员。1961年6月被调入大庆参加石油会战，先后在松辽会战指挥部计划处担任计划员、综合组组长。曾多次被评为"大庆战区标兵"。1965年被借调到石油部地质勘探司工作。1970年7月调离大庆后，先后在江汉石油管理局计划处及援外办公室和中国海油南海西部石油公司计划部、信息公司、电厂预备办公室工作，先后担任计划科科长、副经理、主任经济师。1999年退休。

时　间：2014年11月21日

　　大庆油田是英勇的大庆人战天斗地拿下来的，大庆会战也是在全国各大油田和全国人民的大力支持下取得胜利的。大庆会战一直受到党中央的亲切关怀和悉心指导。周总理曾多次陪同金日成等外宾前往视察，当年我有幸站在从萨尔图车站到二号院的道路旁边，看到总理从我面前经过。刘少奇同志来大庆时，当即下令，建起了大庆医院。朱德到大庆慰问，带来了党中央对大庆职工及其家属的问候。

　　当年，大庆原油不仅彻底满足了国家的能源需求，而且成了国民经济的重要支柱，也是国家外汇的重要来源。大庆会战不但出了石油，而且出了大庆精神，出了大庆人，出了经验，出了样板。全国掀起了轰轰烈烈的"工业学大庆"运动。最早来大庆视察参观的是国家计委、经委、建委和东北局的有关领导。从玉门调任经委石油处处长的老领导曹根礼也在其中,他是宋振明同志在部队时的老搭档。因为事先没有准备,所以临时把我和李一先等几个一线岗位上的工作人员抽出来负责接待参观,后来前来参观的人络绎不绝。为此,大庆还组建了专业接待班子负责接待参观,北京还办了"大庆展览"。电台广播,报刊登载,介绍大庆油田和大庆经济,全国兴起了"工业学大庆"运动。

究竟什么是大庆精神?如何介绍大庆经验?对于这两个问题,我们费了很大一番功夫。我曾参加宋振明主持的务虚会,经过不断总结提炼,才逐渐形成了比较系统和完整的相关文件。不久,油田传达贯彻中央的《工业七十条》[①],号召总结经验,转变作风,改善企业管理。以往,大庆总是强调领导要深入生产一线,机关为基层服务,发动各个单位给上面挑毛病、提意见。后来又觉得,没有革命化的领导怎么会带出革命化的队伍?所以又掉过头来,让各二级单位给总部机关"评功摆好",大家对总调度、计划处等部门大声称赞,对我这个榜上有名的"战会标兵"自然也表扬一番。面对这种局面,计划处把我从岗位上换下来,另外又配了四五个人,成立了一个"综合组",具体任务一是负责制定计划管理制度和业务改革,二是辅助处领导抓各种计划的组织和综合汇编。没过多久,陈俊处长忽然问我:"你的档案到哪儿去了?是不是留东油了,还是转丢了?"我也感到很奇怪。他后来又说:"就是找不着也不要紧,反正组织上是看着你长大的,大不了补一份就行了。"这时候就有人猜测,我可能要被提拔了。不久,就正式得到消息,我被借调到石油工业部了。

大庆实现了年产原油一千万吨的阶段性奋斗目标后,石油工业部给"会

[①]《工业七十条》是1961年中央起草的关于国营工业企业工作条例的草案,旨在解决当时工业企业工作中存在的问题。该条例是新中国成立以来第一部关于企业管理的章程。条例的制定和执行,对国营工业企业的整顿、改进和加强企业管理工作起到了指导作用,特别是在"大跃进"后,对工业企业的调整、巩固、充实、提高发挥了积极作用。条例的执行也改善了企业内部关系,调整了管理工作,促进了生产逐步好转。详见《若干重大决策与事件的回顾(下)》P668~P690。

1965年11月,"大庆展览"在中国革命博物馆展出

战标兵"颁发了纪念册和镀金奖章。大庆会战在中国工业化的过程中有不可磨灭的功劳,也经得起历史的检验,但也不是无缺点可言的。单就"先生产后生活"而言,它有正确和积极的一面,但也未必完整和全面。当初我们过分强调了先生产,一切为了生产,而对广大职工的生活条件不够重视,职工牺牲过大,吃苦过多,这不能不说是一个缺憾。如果我们今天有条件重新认识大庆经验的话,一定会对很多地方有更深刻的认识。

我工作了45年,我的一生可以说是"学校打基础,玉门得锻炼,大庆担重任,江汉有历练,对外合作有贡献"。回顾我的一生,我经历了中国石油工业发展的重要阶段,一直在石油战线上为油而战,我感到很幸福。

没有共产党，大庆石油会战搞不起来

口述人：李敬，汉族。1927年4月出生于陕西省扶风县。1947年加入中国共产党。1952年8月，随中国人民解放军57师集体转业。曾先后转战玉门、大庆、江汉、长庆、新疆、胜利等油田。历任大庆第二探区党委书记、副指挥、钻井指挥部指挥，长庆会战指挥部副指挥、副书记和原石油工业部副部长等职。

时　间：2014年5月19日

李　敬

我天天在报纸上都能看到关于大庆的消息，在看到这些消息以后我就写了"共产党万岁"。我要向大庆的同志们致敬！为啥要喊"共产党万岁"？因为如果没有党中央的正确领导，在那么艰苦的条件下大庆会战是搞不起来的，就连大庆的医院也是党中央发文批准建设的。当时从东北三省抽调人力物力建设大庆的医院，来为油田开发服务。

半个多世纪以前，大庆还是一片草原，当时我国石油工业的基础很薄弱。在1949年新中国成立的时候，全石油系统搞勘探的、搞开采的、搞炼油的等一共是16000多人。1952年"石油师"[①]转业的时候，全石油系统是38500多人。那一年全国产油39万多吨。1960年大庆会战的时候，全国石油系统，包

[①] "石油师"即中国人民解放军石油工程第一师，是一支特殊的队伍。1952年2月，毛泽东主席发布命令，批准中国人民解放军第十九军第五十七师转为中国人民解放军石油工程第一师。命令指出："你们过去曾是久经锻炼的有高度组织性、纪律性的战斗队，我相信你们将在生产战线上，成为有熟练技术的建设突击队。"从此，以张复振为师长、张文彬为政治委员的石油师全师7747人，全部成为石油产业大军的一支生力军。详见《当代中国的石油工业》P20。

括学校、事业单位在内共有27万人。那现在是多少？现在是300多万人。那时基础很薄弱，自然灾害导致物资极度匮乏。在中苏关系破裂之后，苏联撤走援华专家，使得石油勘探开发所用的设备、器材都很紧张，石油勘探困难重重。当时石油极度短缺，面对如此大的压力，开发大庆油田成为必然的选择。

之前的"川中会战"战果并不理想，石油供需矛盾更加突出，影响国家经济建设。石油工业部部长余秋里说："找不到石油，我们石油人走在街上都低人一头。"所以石油人立志奋发图强，一定要找到石油，摘掉石油工业落后的帽子。这也是当时中国石油人的共同心愿。在党中央的正确领导和全国人民的支持下，石油部集中优势兵力，在国家经济最困难的时期、困难的地点和困难的条件下开展石油大会战。

那个时候，"石油师"的8000子弟已成为骨干了。解放军还有3万多名复转战士和军官，同时抽调了沈阳军区两个整编师、整编团的战士，直接来到大庆支援石油会战。《中国共产党历史》里关于这个是有记载的，据我所知这个党史写了5年，修改了10年，将原来很多不正确的说法纠正了过来。当我读到党史里的这一段时，特别感动，我就拿宣纸来做摘录。一共写了十几张，六七千字。当年解放军有3万多人参加大会战，会战地区出现了"八一"水管线、"八一"路、"八一"村，甚至连军人的物资，像电话线、坦克等都被用来支援会战，这些在中共党史中写得很清楚。

会战职工斗志昂扬，一代一代前赴后继，就像铁人王进喜所说的"宁肯少活二十年，拼命也要拿下大油田"。那时候大庆有一首诗：胸怀壮志远离亲，愿做建设游击兵，学习当年老红军，松辽会战立大功。毛主席号召"工业学大庆"，刘少奇、周恩来、朱德、邓小平，还有各部委的领导多次亲临大庆，视察指导工作。周总理三次到大庆，亲自提出油田建设的具体方针：工农结合，城乡结合，有利生产，方便生活。这些我的日记中都有，周总理第三次来大庆是我负责接待的。

会战刚开始的时候，石油开发属于国家机密，那个时候还不叫大庆，叫

1960年2月，转业解放军官兵到达大庆

农垦几场几场，是属于农垦建制，但是所有的建制和开发建设模式都由国务院直接管理。还有一首诗，是这样写的："党是我的妈，井是我的家，我听党的话，管好我的家。"从王进喜到王启民，石油人英雄辈出。半个多世纪以来，数以万计的大庆人，以21亿多吨[①]的石油物质财富和"爱国、创业、求实、奉献"的精神财富，回报全国人民。一部艰难创业会战史，百万覆地翻天会战人，在《中国共产党历史》中写了7000多字，正确地记载，充分地肯定。这对已经过世的人来说是极大的荣耀，对正在岗位上勤劳奋斗的同志来说是极大的激励。在此，我仅以一名石油老兵的身份向过世的同志致哀，向正在为实现中华民族伟大复兴中国梦而拼搏的同志致敬，你们的心血将铸就更加辉煌的明天。

没有共产党，大庆石油会战搞不起来

---

① 李敬老部长接受访谈的时间是2014年5月19日，当时大庆油田历经50多年开发建设，累计为国家生产原油21亿多吨。由于不能标注访谈时间，为了避免听众误会，在音频中，根据最新情况将内容表述为"60多年来，数以万计的大庆人，以25亿吨的石油物质财富……"。——编者

参考文献

[1] 习近平. 论中国共产党历史[M]. 北京：中央文献出版社，2021.

[2] 中共中央文献研究室. 周恩来年谱1949—1976[M]. 北京：中央文献出版社，2019.

[3] 余秋里. 余秋里回忆录（下册）[M]. 北京：人民出版社，2011.

[4] 中国石油报社. 回忆康世恩[M]. 北京：石油工业出版社，1995.

[5] 焦力人. 当代中国的石油工业[M]. 北京：中国社会科学出版社，1988.

[6] 大庆油田有限责任公司. 大庆油田企业文化辞典（50年）[M]. 北京：石油工业出版社，2009.

[7] 大庆油田有限责任公司《大脚印》编纂委员会. 大脚印——大庆油田勘探开发历程揭秘（上部）[M]. 北京：石油工业出版社，2014.

[8] 中共大庆市委党史研究室. 大庆油田史[M]. 北京：中共党史出版社，2009.

[9] 中共大庆市委党史研究室. 大庆石油会战史[M]. 北京：中共党史出版社，2008.

[10] 《岁月流金》编委会. 岁月流金——记石油科技专家（三）[M]. 北京：石油工业出版社，1998.

[11] 田润普. 大庆石油会战[M]. 北京：中国文史出版社，1991.

[12] 大庆油田铁人传写作组（孙宝范，卢泽洲执笔）. 铁人传[M]. 北京：中国工人出版社，2023.

[13] 孙宝范，卢泽洲. 听亲历者口述铁人[M]. 哈尔滨：黑龙江人民出版社，2012.

[14] 孙宝范，林彬.会战是怎样打赢的？[M].北京：中共党史出版社，2009.

[15] 尤靖波，苏爱华.铁人王进喜画传[M].北京：中国工人出版社，2023.

[16] 滕叙兖，欧阳晓光.欧阳钦画传[M].北京：中共党史出版社，2015.

[17] 陈立勇，刘晓华，张文彬.大庆石油会战口述实录[M].北京：中国工人出版社，2020.

[18] 陈立勇，孙宝范.百年铁人史话[M].北京：石油工业出版社，2023.

[19] 徐伏虎，陈立勇.会战红色家谱（1-2卷）[M].北京：石油工业出版社，2023.

[20] 肖铜，马英林.大庆精神（铁人精神）：镌刻在历史丰碑上的辉煌[M].北京：国家行政学院出版社，2022.

[21] 大庆油田有限责任公司.大庆油田企业文化辞典（60年）[M].北京：石油工业出版社，2019.

[22] 大庆油田志编纂委员会.大庆油田志（1959—2008）[M].哈尔滨：黑龙江人民出版社，2009.

[23] 中国科学技术协会.中国科学技术专家传略（工程技术编·能源卷2）[M].北京：中国科学技术出版社，2005.

[24] 中共大庆市委党史研究室.工业学大庆史[M].北京：中共党史出版社，2008.

[25] 薄一波.若干重大决策与事件的回顾（下）[M].北京：中共党史出版社，2008.

[26] 《康世恩传》编写组.康世恩传[M].北京：当代中国出版社，1998.

[27] 高梁红.钢铁钻井队的首任指导员孙永臣[J].石油知识，2022，（01），33-35.

后记

1958年2月，党中央作出石油勘探战略东移的重大决策，广大石油、地质工作者满怀豪情从祖国四面八方来到广袤的松嫩平原，展开艰苦的地质勘探，历尽艰辛发现大庆油田，翻开了中国石油开发史上具有历史转折意义的一页。65年来，几代大庆人艰苦创业、接力奋斗，在亘古荒原上建成我国最大的石油生产基地，谱写了一曲曲建设社会主义的激越赞歌，大庆精神（铁人精神）穿越时空、历久弥新，成为团结凝聚广大人民群众的强大精神动力，集中展现了我国工人阶级的崇高品质和精神风貌。大庆精神（铁人精神）历经风雨洗礼，已经成为中华民族伟大精神和中国共产党人精神谱系的重要组成部分。

党的十八大以来，习近平总书记高度重视红色文化的传承发展，多次对大庆精神（铁人精神）给予高度评价，强调要把大庆精神（铁人精神）弘扬好。2023年9月7日，习近平总书记在黑龙江省哈尔滨市主持召开新时代推动东北全面振兴座谈会并发表重要讲话，再次强调指出："大力弘扬东北抗联精神、大庆精神（铁人精神）、北大荒精神，引导党员、干部树立正确的政绩观，激发干事创业热情。"

2024年是新中国成立75周年、大庆油田发现65周年、"工业学大庆"号召提出60周年、"大庆精神"提出60周年、习近平总书记致大庆油田发现60周年贺信5周年。历史启迪未来，文化凝聚共识。重要时间节点是我们工作的坐标。在这个极具特殊意义的历史时刻，由黑龙江省社会科学界联合会指导，由大庆师范学院大庆精神研究基地科研团队、大庆广播电视台"听见大庆"工作室、石油工业出版社联合制作并出版发行的《旗帜》，以全媒体形

式讲述60位大庆石油会战的亲历者和见证人在党的领导下爱党报国、艰苦创业、科学求实、无私奉献的感人事迹，展现了党领导石油工业波澜壮阔的奋斗历程。《旗帜》是继2023年为纪念铁人王进喜诞辰100周年推出《百年铁人史话》后，又一弘扬大庆精神（铁人精神）的精品力作，是合作各方深入学习贯彻习近平文化思想，落实新时代推动东北全面振兴座谈会精神，坚持用大庆精神（铁人精神）铸魂育人的重要体现和标志成果。

《旗帜》的创作和出版是集体智慧的结晶，得到了各级领导的高度重视，以及专家学者的悉心指导和社会各界的大力支持，铁人王进喜纪念馆、大庆油田历史陈列馆提供了珍贵的历史图片，在此致以崇高的敬意和衷心的感谢。

本书作为大庆师范学院大庆精神研究基地科研成果，系国家社科基金项目"大庆精神铁人精神口述历史研究"（编号20BDJ077）阶段性成果和黑龙江省社科联社科普及活动项目"口述历史《旗帜》创编与全媒体播讲（编号KPY202412-A）"结题成果。由于课题组的理论修养、学术水平和文字功底有待提升，本书若有疏漏不足之处，恳请广大读者批评指正。

大庆师范学院大庆精神研究基地

2024年9月26日